はじめに

本書を手に取っていただきありがとうございます。本書では、外国人の雇用にあたって、基本的な知識や手続きだけでなく、外国人のモチベーションアップやキャリア支援を通じて、企業が求める戦力にしていくノウハウをお話させていただきます。

最近では中小企業でも外国人を雇うことはめずらしくなくなりました。半面、外国人材の受入れ環境に課題があり、モチベーションアップや定着率の向上、異文化コミュニケーションなどの対応に苦慮している会社も多く見受けられます。

私は、行政書士・社会保険労務士として就労関連のビザ取得サポートや企業の雇用関連の助成金、外国人技能実習生への講習などを行っています。業務を通して外国人雇用がうまくいく会社、いかない会社をたくさん見てきました。残念に思うのは、外国人を一度雇ったものの思うようにいかず、もう二度と外国人を雇用しないと決めてしまっている会社がとても多いということです。

文化や価値観、考え方の違いなどもあり、外国人を雇用するときは日本人と同じように受け入れてしまってはうまくいきません。しかし、「日本人と違う価値観や考え方があるからこそ会社にメリットがある。」そう認識して外国人雇用を行うことで、社内の雰囲気から業績までプラスに変化していく会社もまた、少なからず目の当たりしてきました。そこで、初めて外国人を雇用する会社でも失敗しないしくみづくりを本書では解説しています。

2020年の新型コロナウィルスの影響により、外国人雇用を取り巻く状況は一変しました。日本人が雇用しやすくなったため外国人雇用を考えるのをやめてしまう会社もあります。しかし今だからこそ優秀な外国人を雇用するチャンスととらえて積極的に採用に取り組む会社もあります。業界によってさまざまな事情がありますが、同じ状況でもピンチととらえるかチャンスととらえるかによって手に入れる結果に変化があると感じています。

これから外国人を雇用しようと考えている、一度外国人を雇用してうまくいかなかったけど再挑戦したいと思っている、そのような企業の方々の悩みや不安を解消するために本書を活用していただければと思います。

外国人が、身近な存在として企業に受け入れられ、生き生きと働き続ける。そんな場が一つでも増えてくれることを願っています。

令和２年11月　常見　治彦

CONTENTS

1章

どんな人を採用すればいいのか 在留資格の基本知識と不法就労

2章

募集～採用の流れ

7章

外国人従業員が活躍するキャリア支援

巻末

外国人雇用のお役立ち情報

外国人を雇用するときの一般的な流れ

採用前

外国人雇用の理解

▶序章・1章

- □外国人雇用の制度
- □在留資格
- □在留カードの確認
- □資格外活動
- □不法就労

募集〜選考

採用活動 ▶2章

- □PR活動
- □募集方法の決定
- □選考・面接・採用の流れ
- □選考基準
- □内定

受け入れ体制の整備 ▶4章

- □労働条件の整備
- □研修制度
- □就業規則の整備

就労ビザ～雇用契約

入社前の手続 ▶3章

□外国人労働者の就労ビザの取得要件
□企業側の就労ビザの取得要件
□雇用契約書
□就労ビザ取得の各種手続
□在留期間の更新

雇用中

労働保険・社会保険 ▶5章

□加入要件
□各種手続
□脱退一時金

雇用管理 ▶6章

□人事異動
□副業の容認
□海外出張
□契約期間の更新
□退職

キャリアパス支援 ▶7章

□ビジネスコミュニケーション
□キャリアパス
□人事評価・賃金制度
□永住・帰化

□日本語習得のサポート
□入社時の労務
□生活面の支援

共生社会へ

外国人を雇用するときのチェックポイント

	項目	チェック
採用活動	外国人の採用方針が、事業方針や経営課題の解決に沿っているか。	
	外国人に期待する役割を具体的に決めているか。	
	経営幹部から現場社員まで、採用方針が社内で共有されているか。	
	採用実績が社内で公表されているか。	
	自社の事業内容や事業方針などを、PR活動を通じて外部に発信しているか。	
	会社説明会やインターンシップなどを通じて、企業と外国人が理解し合う機会を設けているか。	
	採用する就労ビザの就労範囲に、職務内容が合っているか。	

↓

	項目	チェック
募集～選考	採用したい人材が集まりやすい募集方法を決めているか。	
	選考段階で、高い日本語能力を求めすぎていないか。募集する業務で求められるレベルであればよいとしているか。	
	日本語能力よりも、個人の能力やスキルを判断する採用選考が行われているか。	
	内定時に、労働条件を明示して同意を得たか。	

↓

	項目	チェック
就労ビザ取得手続	高度専門職など、外国人にとって有利な条件の就労ビザを検討したか。	
	外国人の学歴や経歴が就労予定の業務と一致し、それを証明する書類がそろうか。	
	外国人が同意する労働条件で雇用契約書を交わしているか。	

	項目	チェック
入社前	住宅探し、日本語能力向上などの生活面でのサポート体制があるか。	
	外国人従業員と日本人従業員が互いに理解し合うための研修制度などがあるか。	
	同僚や上司にあたる日本人従業員に対して、外国人従業員との効果的なコミュニケーションを学ぶ機会を設けたか。	

	項目	チェック
入社後	異動や副業の容認にあたっては、在留資格の範囲で行うか、範囲外で行うときは必要な手続を踏むことに留意しているか。	
	労働保険・社会保険のしくみを理解してもらい、適切に加入しているか。	
	簡潔でやさしい日本語を使ったコミュニケーションが職場に浸透しているか。	
	キャリアパスについて、外国人従業員と話し合って具体化しているか。その際、会社側の意向も伝えているか。	
	キャリアパスに必要な仕事の機会を提供しているか。スキルアップ支援が行われているか。	
	賃金や役職などの現在の処遇について、客観的な評価に基づいた説明が十分に行われているか。	
	外国人従業員の母国文化・宗教などを考慮し、休憩時間や休暇制度など社内制度の見直しが行われているか。	

外国人の雇用に関わる法制度

日本国内で働く外国人労働者は日本の法令や制度にしたがうのが原則です。適用される法制度を確認しましょう。

海外の事業場で現地の外国人を雇う場合は、その国の労働関連法や社会保障制度が適用される可能性が高いでしょう。

出入国・在留資格に応じた滞在・労働

入管法
（出入国管理及び難民認定法）

国外の事業場で働く

その国の法制度にしたがう

国内の事業場で働く

●労働・社会保障制度
・労働
労働基準法
労働安全衛生法
最低賃金
パートタイム・有期雇用労働法
育児・介護休業法
など
・社会保障制度
労働者災害補償保険法
雇用保険法
健康保険法
厚生年金保険法
など

●在留資格ごとの法制度
技能実習法
特定技能制度
など

外国人雇用に関わる専門家

外国人の雇用には専門知識が必要になります。専門家の力を借りましょう。

行政書士（申請取次行政書士）

入国管理業務（就労ビザの手続など）

申請取次行政書士は、申請人（外国人労働者）に代わって出入国在留管理局へ在留資格に関する申請書類などを提出する。申請取次行政書士に申請依頼をすると、申請人本人は出入国在留管理局への出頭が免除される。

社会保険労務士

労務管理

外国人にも適用される労働法や社会保険に精通。就労環境の整備および労務トラブルを未然に防止する支援を行う。

キャリアコンサルタント

キャリア開発支援

キャリアに関する知識と面接技法を学んだ専門家。労働者のキャリア形成や企業への定着支援を行う。

弁護士

労使間のトラブル解決

入管制度、労務に関するトラブルに関わる。外国人の不法就労、労働訴訟や団体交渉時の交渉人にも。申請取次行政書士と同じく、入国管理業務を行う。

外国人雇用に関わる語句・まぎらわしい表記

入管法（正式名称：出入国管理及び難民認定法）

外国人の適正な出入国や在留資格を定めた法律です。入管法にもとづいて、不法な出入国、在留資格に沿わない滞在や労働を取り締まります。

査証（ビザ）と在留資格

入国許可証である査証（ビザ）と、在留の種類を定めた在留資格は異なります。ただ、在留資格は、種類に応じて就労ビザ（就労系の在留資格の総称）、留学ビザ（在留資格「留学」）、商用ビザや観光ビザ（在留資格「短期滞在」）などと呼ばれ、査証（ビザ）とまぎらわしくなっています。

本書では、査証を「査証（ビザ）」と表記します。また、在留資格を種類によって「○○ビザ」（例:就労ビザ、留学ビザなど）と表記します。例えば、「就労ビザ」なら、就労系の在留資格ということです。

高度人材（高度外国人材）と高度人材ポイント制（高度専門職）

高度人材とは、高度な技術や知識を持つ人材です。国内では主に就労ビザ（「技能実習」を除く）を得て働く外国人が高度人材（高度外国人材）とみなされます。

高度人材ポイント制は、職歴・年収などで一定以上のポイントを獲得した高度人材（高度外国人材）が、在留資格「高度専門職」を取得できるという制度です。「高度専門職」になると、さまざまな優遇措置を受けられます。

序章

はじめに知っておきたい
外国人雇用の基礎知識

1 雇用できる外国人とは？

次の条件をすべて満たす人が、会社が雇用できる外国人労働者と言えます。

①日本国籍を持たないこと。

②就労できる在留資格や活動許可を持ち、その在留資格や許可にしたがって適正に働くこと。

③特別永住者ではないこと。

◇外国人が国内で働くには条件がある

まず、外国人とは日本国籍を持っていない人です。日本に滞在する外国人には、滞在理由に応じて在留資格が与えられています。就労が認められている在留資格であれば、国内で働くことができます。就労が認められていない在留資格でも、資格外の活動許可が下りれば働くことができます。

ただし、在留資格や活動許可の範囲内で働かなければなりません。例えば、観光目的で来日している外国人の在留資格は「短期滞在」です。「短期滞在」の在留資格は国内での就労が認められていません。反対に、日本人の配偶者として住んでいる外国人は、「日本人の配偶者等」という在留資格を持ち、制限のない就労が認められています。

就労が認められていないのに働いたり、認められている範囲を超えて働いたりすると、違法な就労、つまり不法就労になります。

◇特別永住者は外国人にはあたらない

例外的に、在日朝鮮人や在日韓国人などの特別永住者は、日本国籍を持たなくても国内に住み続ける資格や働く条件は日本人と変わりません。そのため、本書では特別永住者は外国人にはあたらないものとします（➡P31）。

また、在日米軍の家族も特別永住者と同様に扱われます。

雇用できる外国人労働者とは

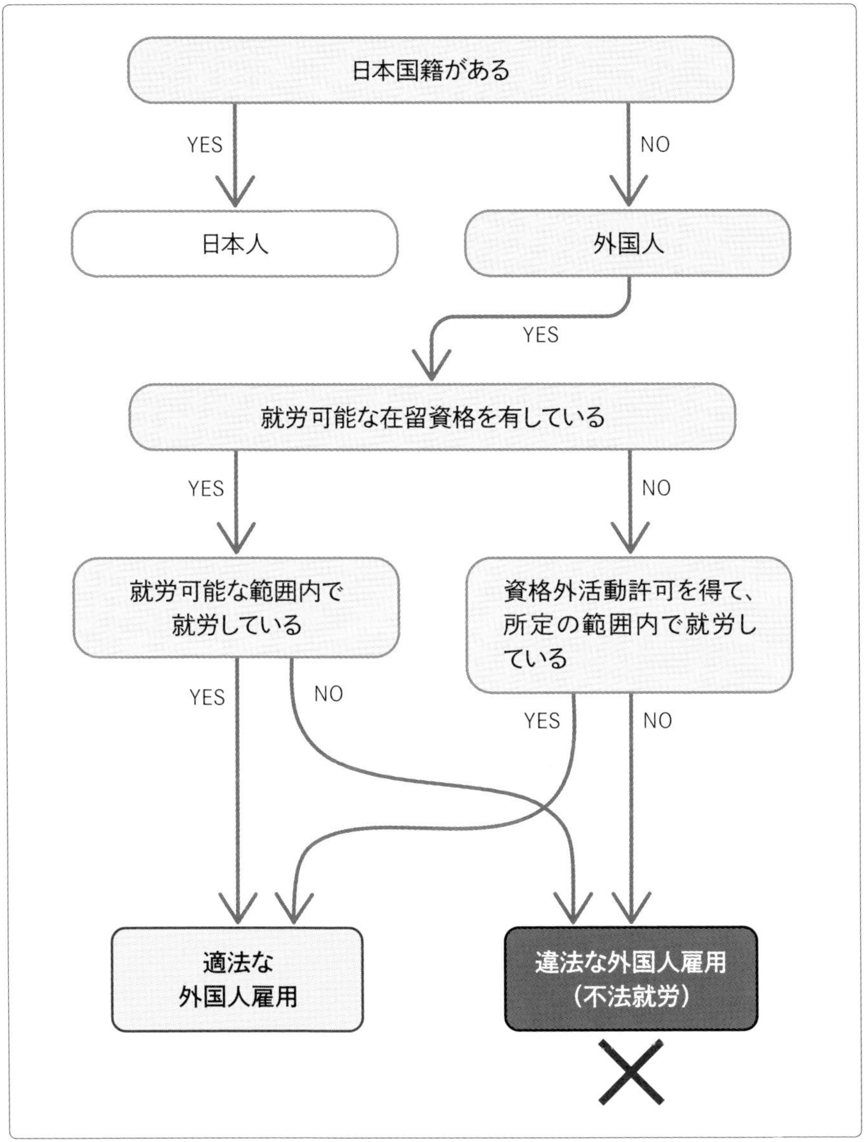

2 出入国在留管理局と在留資格手続

出入国在留管理局は、国内に滞在する外国人には関わりの深い役所です。出入国在留管理局で行う在留資格に関する手続の中で、外国人を雇用する会社が知っておきたいものを確認していきましょう。

◇各地に設置された出入国在留管理局

出入国在留管理局は、法務省管轄の出入国在留管理庁（略称：入管庁）が各地に配置した機関です。全国で８か所あり、その下に計７つの支局と61の出張所が設置されています。出入国在留管理局から出張所までを含めて、地方出入国在留管理官署と言います。本書では、在留資格に関する手続を行う行政機関として出入国在留管理局という表記に統一します。

出入国在留管理局では、外国人の出入国の審査、国内に滞在する外国人の在留管理、難民の認定などに関する業務を行っています。就労する外国人材の受け入れ・指導、悪質ブローカーの関与の防止も業務の範囲です。

◇在留資格に関する手続を行う

在留資格に関するさまざまな手続を行うのは、在留資格を持つ外国人本人（申請人）やその代理人（会社、親族など）です。行う場所は、在留資格を持つ外国人の住所地の管轄となる出入国在留管理局です。

ただし、海外にいる外国人を雇い入れるために、企業が代理人となって就労ビザ（就労系の在留資格）の申請手続をする場合、手続を行う場所は代理人の事業所所在地や住所地を管轄する出入国在留管理局になります。

出入国在留管理庁と出入国在留管理局のしくみ

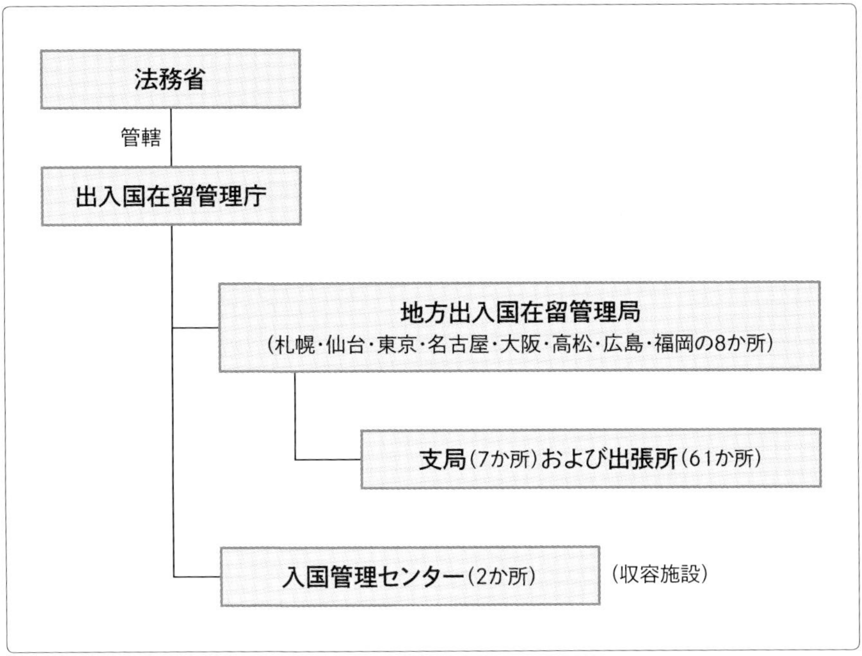

出入国在留管理局で行う　主な在留資格の手続

- 在留資格認定証明書の交付
- 在留資格の変更
- 在留期間の更新
- 在留資格の取得
- 再入国許可の申請
- 資格外活動許可の交付
- 就労資格証明書の交付
- 永住許可の申請

3 今後も増える？ 国内で働く外国人労働者

◇数年間で急増した外国人雇用

街の飲食店やコンビニエンスストアなどで日本人とともに働く外国人の姿は、ごく普通の光景になっています。

こうした実感を裏づけるように、日本国内で働く外国人労働者の数は、年々増加しています。 特に近年の伸びはめざましく、2016年（平成28年）に100万人を超えてから毎年約20万人ずつ増えています。

2020年にコロナ禍による外国人の出入国の制限があり、今後はその影響を見極めなければならないものの、2019年（平成31年）時点の国内の外国人労働者数は約166万人。国内の就業者全体に占める割合では２％を超え、2013年（平成25年）の1.1％からほぼ倍増しました。

◇国内の労働力人口が減少　施策を打つ政府

外国人労働者が増加する背景にあるのは、国内の労働事情です。人口減と少子高齢化によって、このままでは日本人の労働力人口は減り続けていくことが予想されます。労働力人口の減少は、経済活動の停滞につながる深刻な問題です。

政府は、労働力人口を維持していくために、女性や高齢者の就業支援などのさまざまな政策を打ち出しています。高度な知識や技能をもつ外国人材や留学生を積極的に受け入れる政策も、その一環なのです。

◇労働力不足は世界的な問題　コロナ後の対応がカギ

では、今後も国内の外国人労働者は増え続けていくのでしょうか。

実は、労働力不足は世界的な問題です。優秀な人材であれば、国籍を問わず採用するというのは、先進国を中心にどの国も行っていることなのです。

アジア圏では、韓国も労働力が減少する問題に直面しており、日本と韓国との間で、ベトナム人などの人材争奪戦は激化すると予想されています。

労働力不足は、自分の業界は大丈夫だ、政府が施策を打っているからなんとかなると思わないでください。危機感を持っている会社ほど、すでにグローバル化対策を始めています。コロナ後で外国人雇用が縮小しているときこそ、どの国の人にも選ばれるような受け入れ体制・雇用制度を整えていかなければなりません。

積極的な外国人雇用政策は経済政策の一つ

少子高齢化にともなう国内の労働力人口減少を防ぐために、
政府は下のようなさまざまな政策を打ち出している

- 女性の就労支援
- 柔軟な働き方の推進
- 高齢者の就労支援
- 外国人材の積極的な受け入れ
- 障害者の就労支援
- 若者が活躍しやすい就業環境の整備

4 外国人雇用の現況を把握しておこう

※2020年コロナ禍後のデータは反映されていません。

◇国内の在留資格別外国人労働者ー就労系の在留資格の増加率が高い

国内の外国人労働者を在留資格別で見てみましょう。永住者やその家族、日系人などの身分にもとづいた在留資格が一番多いものの、ここ数年の増加率は緩やかです。一方で、技能実習、次いで専門的・技術的分野（高度専門職を含む）、特定活動といった就労系在留資格を持った外国人労働者の増加率が高くなっています。

◇国籍別外国人労働者ーアジア・東南アジアが大半

国籍別では、中国が全体の４分の１強を占め、ベトナム、フィリピン、ブラジルと続きます。特にベトナムは近年大きく増加しています。アジア・東南アジア出身者で全体の70%を超えているのも特徴です。

◇産業別外国人労働者ー製造業

産業別では、製造業で働く外国人労働者が30%近くを占めます。製造業では、技能実習生が多く従事していると見られています。次いで、卸売業・小売業、建設業と続きます。ほぼすべての産業に、外国人労働者が従事しているといえます。

◇企業の規模別の外国人労働者は

外国人労働者を受け入れている企業数を規模別に見ると、従業員数30人未満の中小規模の事業所が最も多く、全体の60%近くを占めています。近年は、中小企業、大企業ともに外国人労働者の雇用数が増えています。

1章

どんな人を採用すればいいのか

在留資格の基本知識と不法就労

就労の有無・就労内容は在留資格で決まる

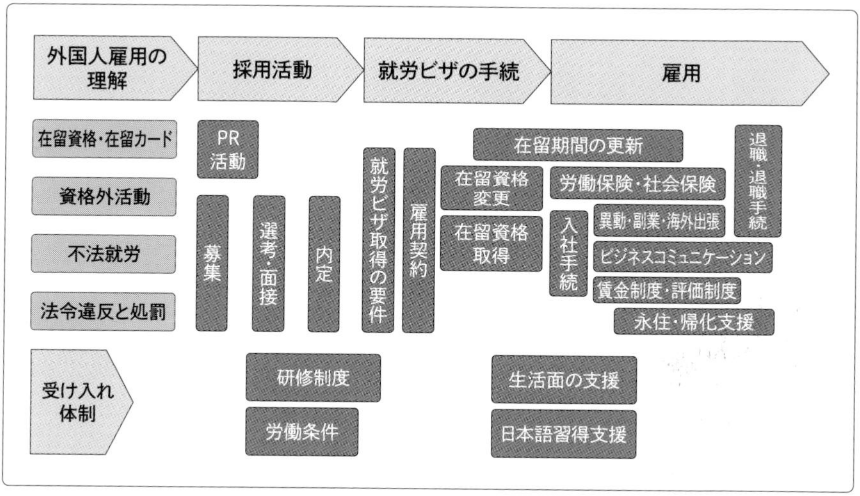

在留資格とは、外国人が日本国内で行うことができる活動の種類を類型化したものです。外国人は、滞在目的や活動内容に応じて、なんらかの在留資格を認められて日本に入国・滞在しています。

外国人を雇用する際に、会社で行う業務に適した在留資格を取得しているか、あるいはこれから取得できそうかを確認する必要があります。

◇在留期間が決められている

在留資格で認められた活動を行うために、外国人が国内に滞在できる期間が在留期間です。在留資格、活動内容、個人の状況などによって、在留期間が異なります。

在留期間を延長するには、出入国在留管理局で更新手続をする必要があります。更新しないまま在留の期限を過ぎても日本に滞在していると、不法滞在であるオーバーステイとみなされ、海外へ出国させられる場合があります。

転換を行うときも、注意が必要です。

◇就労ビザの取得には上陸許可基準をクリアする必要がある

就労ビザを取得するには、外国人本人がその就労ビザを取得するための学歴や職歴などの要件を備えていなければなりません。それらの要件を上陸許可基準と言います。上陸許可基準は３章でも説明しています。

例えば、専門的・技術的分野の中の在留資格「技術・人文知識・国際業務」のうち、「国際業務」の上陸許可基準には、「関連する業務で３年以上の実務経験」などがあります。つまり、「国際業務」で就労ビザを得るには、少なくとも関連業務で３年の実務経験が必要となるのです。関連業務で働いたことのない芸術系専門学校の留学生は、上陸許可基準をクリアできない可能性が高いでしょう。

◇在留資格ごとの在留期間に注意する

外国人ごとに就労ビザの有効期限（在留期間が満了を迎える日）を管理する必要があります。

「外交」以外の在留資格では、５年、３年、１年、６か月、３か月、１か月、15日など在留期間が定められています。期限が満了する前に在留期間の更新手続を行います（➡P119）。

次の項からは、就労ビザの種類ごとにどのような人材を雇い入れることができるかを見ていきましょう。

4 就労ビザの種類①
専門的・技術的分野

一般企業や公的機関でフルタイムの従業員として働いている外国人のほとんどが、専門的・技術的分野にあたる在留資格を持っています。下図のように16種類あります。

専門的・技術的分野の在留資格（就労ビザ）の種類

在留資格	認められている活動内容	職業例
外交	外国大使館や領事館などの構成員	大使、総領事など
公用	外国大使館や国際機関の公務	大使館、領事館などの職員
教授	大学や高等専門学校での教育・指導・研究など	大学教授など
芸術	収入をともなう音楽、美術、著述などの芸術活動	作曲家、画家、著述家など
宗教	布教・宗教活動など	宣教師など
報道	取材・報道活動など	外国報道機関の記者、カメラマン
経営・管理	事業の経営、管理など	企業などの経営者・管理者
法律・会計業務	法律・会計分野で特定の有資格者が行う業務	弁護士、公認会計士など
医療	医療分野で特定の有資格者が行う業務	医師、歯科医師、看護師
研究	国内の公私機関との契約で行う研究活動	研究者
教育	小中高等学校、専門学校などで行う語学その他の教育活動	中学校、高等学校などの語学教師など
技術・人文知識・国際業務（P37）	自然科学、人文科学、外国文化などで、知識や技術を必要とする業務	技術者、通訳者、デザイナー、企業の語学講師、マーケティング業務や海外業務従事者など

企業内転勤 (P39)	外国から日本国内の本店・支店に転勤して、技術・人文知識・国際業務を行う	外国事業所（本店・支店・親会社・子会社など）からの転勤者
介護	特定の有資格者が行う介護、介護の指導	介護福祉士
興行	演劇、演奏、スポーツなどの興行活動	俳優、歌手、ダンサー、モデル、プロスポーツ選手など
技能 (P39)	国内の公私の機関との契約で行う、産業上の特殊な分野での技能を要する業務	外国料理の調理師、スポーツ指導者、パイロット、貴金属の加工職人など

◇主な在留資格を取得するには

専門的・技術的分野の就労ビザの中で、ほとんどを占めているのが、「技術・人文知識・国際業務」「技能」「企業内転勤」です。いずれも、**5年、3年、1年、3か月の在留期間**が定められています。

(1) 技術・人文知識・国際業務

ポピュラーな職種が多く、「技人国」とも呼ばれます。専門的・技術的分野にあたる在留資格の中でもっとも多く使われています。大きく①技術、②人文知識、③国際業務に分かれます。技術や知識などの専門性が必要な業務を行い、いわゆる単純労働は認められません。

また、日本人と同等以上の報酬が支払われていなければなりません。それぞれの職種や主な要件について確認しましょう。

①技術

理学、工学その他の自然科学などの分野における技術や知識を必要とする、主に理系といわれる業務。

②人文知識

法律学、経済学、社会学その他の人文科学の分野における技術や知識を必要とする、主に文系といわれる業務。

「技術」職種例

電気工学や機械工学、コンピューター関連などの技術者、システムエンジニア、プログラマーなど

「人文知識」職種例

法務や経理、総務関連などの事務職、営業や企画、マーケティングなど

▶技術・人文知識に関する資格・学歴・職歴などの主な要件：

次のいずれかを満たすこと

ｉ）大学・短大（国内および海外）卒業程度の学歴

ⅱ）専門学校（国内のみ）などで業務に関連する専門課程を修了すること

ⅲ）業務について10年以上の実務経験があること

ⅳ）情報処理技術に関する職種：関連する試験に合格または関連資格を保持

③国際業務

外国人だからこその思考力や感じ方を活かす業務。

職種例

通訳、翻訳、広報・宣伝、貿易業務、語学学校の教師、服飾・室内装飾のデザイナーなど

▶国際業務に関する資格・学歴・職歴などの主な要件：

ｉ）関連する業務について３年以上の実務経験があること。

※翻訳、通訳、語学の指導については、理系・文系を問わず、大学・短大卒業以上の学歴があること。実務経験は不要。

（2）技能

特定の分野で熟練した技能を持つ外国人を採用するときに使います。報酬は、日本人が従事する場合と同じかそれ以上の額でなければなりません。

職種例

専門料理のレストランで働くコック、スポーツトレーナー、外国特有の建築土木の大工、貴金属や毛皮の技師など

資格・学歴・職歴などの主な要件

それぞれの職業において、3年、5年、10年などの実務経験（専門学校などでの専攻期間を含む）

（3）企業内転勤

企業内転勤は、海外の本社や事業所からの異動で来日し、有期の雇用契約で働く場合が該当します。親会社、子会社および関連会社間の異動についても認められます。業務内容は、在留資格「技術・人文知識・国際業務」と同じですが、学歴要件はありません。報酬は、日本人が従事する場合と同じかそれ以上の額でなければなりません。

職種例

外国の事業者からの転勤者で、「技術・人文知識・国際業務」にあたる業務につく

資格・学歴・職歴などの主な要件

直近1年間、外国にある本店や支店などで技術・人文知識・国際業務にあたる業務に従事している。

5 就労ビザの種類② 高度専門職（高度人材ポイント制）

「高度専門職」は、高度の専門性や技術を持つ外国人材（高度外国人材）の中でも特に優秀な人材の受け入れを促進するために導入された在留資格です。

◇優遇される「高度専門職」

在留資格「高度専門職」が付与される外国人とは、前項の専門的・技術的分野（「外交」「公用」を除く）の在留資格が該当する高度外国人材の中で、特に優れた人材であると評価された外国人です。評価方法はポイント制で、学歴・職歴・年収・年齢などの項目ごとにポイントが加算され、その合計得点が70点以上であることが要件です。

「高度専門職」で働くことができる外国人だと評価されると、次ページで挙げるように他の就労ビザの外国人にはないさまざまな優遇措置を受けることができます。

◇「高度専門職」は２段階取得する

「高度専門職」は、「高度専門職１号」と「高度専門職２号」の２段階に分かれています。最初に取得するのは「高度専門職１号」で、「高度専門職１号」で３年以上活動すると、「高度専門職２号」への変更が可能になります。

「高度専門職１号」は、次ページ表の３つの活動（イ・ロ・ハ）のいずれかで取得します。３つの活動は、「外交」「公用」を除いた専門的・技術的分野の在留資格をカバーしています。３つのうち実務上の利用でもっとも多い在留資格は「技術・人文知識・国際業務」に相当する「高度専門職１号（ロ）」です。

「高度専門職１号」の種類

高度学術研究活動 「高度専門職1号（イ）」	国内の公私の機関との契約で行う、研究, 研究指導、教育の活動 （例：研究者、科学者、大学教授等）
高度専門・技術活動 「高度専門職1号（ロ）」	国内の公私の機関との契約で行う、自然科学または人文科学の分野で知識や技術を必要とする業務 （例：会社員、エンジニア、専門職等）
高度経営・管理活動 「高度専門職1号（ハ）」	国内の公私の機関での事業の経営、または管理に従事する活動 （例：経営者、管理職、上級幹部等）

◇「高度専門職」で働く外国人のメリット

「高度専門職」で働く外国人は、暮らしや仕事のさまざまな面で優遇されます。他の就労ビザにはない、次の７つのメリットがあります。

①複合的な在留活動ができる

一般的な就労ビザでは、原則として一つの在留資格での活動しかできませんが、「高度専門職１号」では複数の在留資格にまたがる活動ができます。例えば、企業で就労しながら、関連事業を自ら経営することも可能となります。**「高度専門職２号」になると、活動できる範囲がさらに広がります**。

②在留期間「５年」が一律に与えられる

「高度専門職１号」では、許可される在留期間の中で最長の「５年」が一律に許可されます。外国人や企業にとって在留管理上の負担が少なくなり、より安定的に就労・雇用することができます。**「高度専門職２号」になると、在留期間が「無期限」になり、更新する必要がなくなります**。

③永住許可要件が緩和される

永住権の取得には、原則として「10年以上」の在留が要件になります。ただし「高度専門職」で働く外国人に限り、ポイント数に応じて「３年以上」や「１年以上」にまで短縮されます。

④配偶者の就労条件が緩和される

「高度専門職」で働く外国人の配偶者は、就労ビザの取得で必要となる学歴・職歴の条件を満たさなくても、一定の要件があれば「特定活動」の在留資格で就労することができます。

⑤親の受け入れが認められる

「高度専門職」で働く外国人とその配偶者は、一定要件の下で親を日本に呼び寄せることができます。実際、この点を大きなメリットと感じている外国人は少なくないようです。

⑥家事使用人の雇用が認められる

一定要件の下で家事使用人の雇用が認められます。かつては経営者などの一部の外国人に対してのみ家事使用人の雇用が認められていました。

⑦入国・在留手続が優先して処理される

ビザの審査が優先的でスピーディーです。例えば、「高度専門職」で働く外国人の入国手続は申請から10日以内に、在留手続は申請から５日以内に処理されることになっています。

◇「高度専門職」の外国人を雇用する際の注意点

一般的な就労ビザでは、同じ職種で転職する際に特に手続は必要ありません。しかし、他の会社で「高度専門職１号」の在留資格を取得した外国人を、転職者として同じ職種で採用する場合は、たとえ在留期間が残っていたとしても、自社を勤務先として、あらためて「高度専門職１号」への**在留資格変更許可申請（P112）が必要**です。

また、高度専門職に該当する活動を一定期間（１号は３か月、２号は６か月）以上行わないで在留している場合、在留資格取消しの対象となる可能性があります。

コラム 「高度専門職」で働くことのできる外国人は意外に多い

「高度専門職」（高度人材ポイント制）は、外国人本人にとってはもちろんのこと、企業にとってもメリットが多い制度です。ところが、比較的新しい制度で情報が少ないためか、高度人材ポイント制を活用できるにもかかわらず、「技術・人文知識・国際業務」などの就労ビザを申請してしまっているケースも少なくありません。

高度人材ポイント制に該当する幅は意外と広いもの。例えば日本の有名大学大学院出身で、日本語でコミュニケーションを取れるレベルの外国人材なら、「高度専門職」での申請を検討することをおすすめします。

下記の項目に７つ以上該当する外国人材や企業の場合、高度人材ポイント制を活用できる可能性が高いと言えます。実際に制度の利用を検討する際は、出入国在留管理局が公表している最新のポイント計算表で確認するといいでしょう。

高度人材ポイント制　チェック表

- □ 日本の大学（大学院）を卒業（修了）している。
- □ スーパーグローバル大学創成支援事業に採択された大学または国際的に高い評価を受けている海外の大学などを卒業している。
- □ 3年以上の実務経験がある。
- □ 400万円以上の年収見込みがある（企業が給与として支払う予定がある）。
- □ 年齢が40歳未満である。
- □ 仕事に関連する日本の国家資格等を持っている。
- □ 仕事に関連する外国の資格・表彰等を持っている。
- □ 日本語能力試験のレベルがN1またはN2である。
- □ 発明者として特許を受けるなど、一定の研究実績がある。
- □ 各省が関与する成長分野の先端プロジェクトに従事する。
- □ 外国人材を雇用する企業が、イノベーション促進措置を受けている（かつ、中小企業基本法に規定する中小企業者である）。

6 就労ビザの種類③ 技能実習制度

在留資格「技能実習」は、開発途上などの国から人材を受け入れ、日本の技能・技術・知識を母国に持ち帰ってもらうために創設されました。農業や漁業などの産業、工場に従事する外国人の大半が、「技能実習」で働いています。

就労ビザの一つに位置づけられていますが、厳密には就労ビザではありません。あくまで国際貢献が目的であり、国内の労働力を調整するための制度ではないことが特徴です。

◇従事できる職種

技能実習生として従事できる職種は次の通りです。

「技能実習」で技能実習生が従事できる主な職種（作業内容）

農業（耕種、畜産）、漁業（漁船、養殖）、建設（さく井、板金、とびなど）、食品製造（加工、パン製造など）、繊維・衣服（染色、ニット製造など）、機械・金属（鋳造など）、家具製作　など、82種148作業（2020年7月現在）

◇独自の受け入れ制度

「技能実習」では、他の在留資格とは違う受け入れ制度をとっています。ベトナム、中国、フィリピン、ペルーなど、日本と技能実習制度を取り決めた国から、技能実習生を受け入れます。

受け入れ方式には、①企業単独型と②団体監理型の２パターンがあります。

①の方式では、国内の受入企業は、送り出し元の国（送出国）の現地法人や取引先から従業員を受け入れます。現地と密接なパイプを持つ企業が①の方式を採用しています。

②の方式では、取り決めを交わした国の送出機関から送り出された技能実習生を、日本の監理団体（商工会や事業協同組合など）を通じて各企業（実習実施者）で受け入れます（次ページの図を参照）。

中小企業を含む９割以上の企業が②の方式をとっています。

技能実習生の受け入れの流れ（団体監理型）

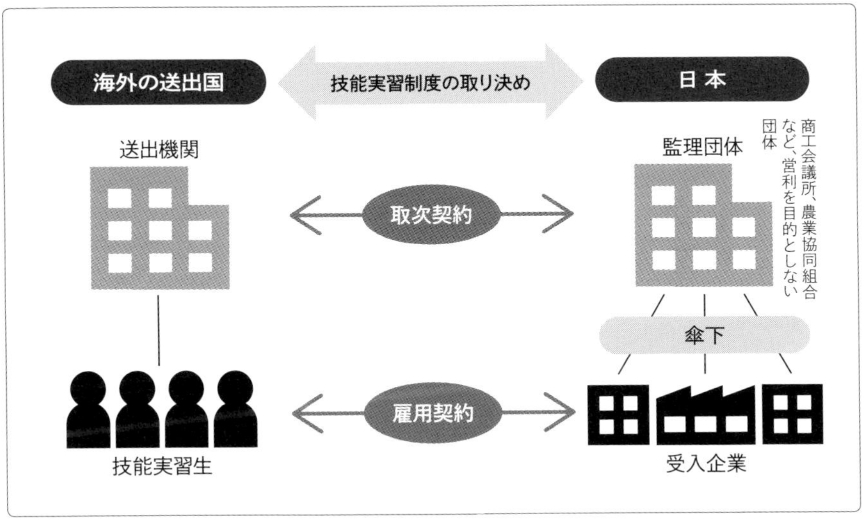

◇技能実習の段階と期間

「技能実習」は、技能の習熟度等に応じて次のページの図で示すような１号～３号の**３段階制**になっています（イは企業単独型、ロは団体監理型の受け入れ）。

企業は、技能実習計画を作成するなどの事前準備を経て、初めに「技能実習１号」の在留資格で技能実習生を受け入れます。２か月の座学講習後に、技能実習生と雇用契約を結んで実習を開始します。受け入れ２年目からは、検定に合格すれば「技能実習２号」を取得できます。

在留期間は最長５年ですが、４～５年目は優良と認められた監理団体・受入企業だけが延長できます。加えて、技能実習生が検定に合格して「技能実習３号」を取得するのが要件となります。

技能実習制度の段階と受け入れ期間

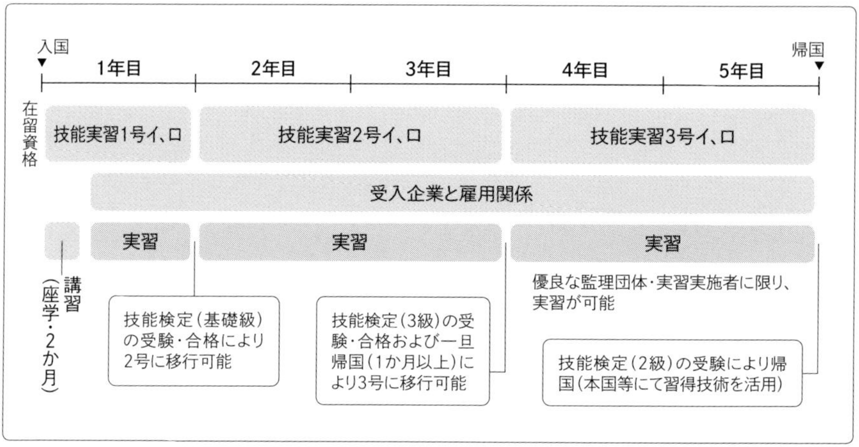

コラム　国内産業を支える技能実習制度の課題と改善策

「技能実習」で働く外国人は、2019年６月末現在で約37万人。「永住者」（約78万人）に次いで、２番目に多い在留資格です。実質、多くの国内産業を支えているのは、技能実習生と言えるでしょう。

●労働基準関係法違反、悪質な送出機関などの課題も

幅広く活用されている技能実習制度ですが、課題も多くあります。

前述のように、技能実習制度の本来の目的・趣旨は、技術移転による国際貢献です。ところが、技能実習生が安価な労働力として雇用されている実情もあります。もちろん、適正に実習を実施している事業者も多いのですが、厚生労働省によれば、2018年に監督指導を行った実習実施企業のうち、７割以上で残業代未払い、最低賃金以下などの労働基準関係法令違反が指摘されています。

また、送出国では、技能実習希望者から高額な保証金などを徴収する悪質な送出機関も問題になっています。保証金の返済や悪い労働条件に耐えられなくなった技能実習生が、実習先から逃げ出して不法滞在を続けるようなケースも後を絶ちません。

●改善・強化される制度

2017年には、技能実習の適正な実施や技能実習生の保護に関する規定が整備されました。監理団体には、受入企業が技能実習を適正に実施しているかを定期的にチェックし、監理・指導をする役割が課されます。企業の実習計画が現実と違う場合は実習停止とするなど、罰則規定も強化されました。また、送出国との取り決めで送出機関を認可制にするなど、送り出し側の改善も進められています。

7 就労ビザの種類④ 特定技能

◇人手不足の解消に向けて創設

「特定技能」は、人材不足が解消されない産業で即戦力となる外国人を受け入れるために2019年に創設された在留資格です。対象となる産業は**14分野**。これまで認められなかった職種や単純労働でも、一定の専門性や技術を備えた外国人が就労できます。**原則として受入企業が外国人を直接雇用**します。

特定技能では、外国人が良好な環境で働くことができるように、公私にわたってさまざまな支援制度が設けられています。受入企業では支援が難しい部分は、政府にあらかじめ登録している民間機関（登録支援機関）のサポートを借りることになります。

「特定技能」で受け入れ可能な産業

①介護　②ビルクリーニング　③素形材産業　④産業機械製造業　⑤電気・電子情報関連産業　⑥建設*　⑦造船・舶用工業*　⑧自動車整備　⑨航空　⑩宿泊　⑪農業　⑫漁業　⑬飲食料品製造業　⑭外食業

＊「特定技能2号」で受け入れが可能な分野

※原則として受入企業が直接雇用する。農業と漁業については、例外的に派遣形態もできる。

特定技能の雇用制度

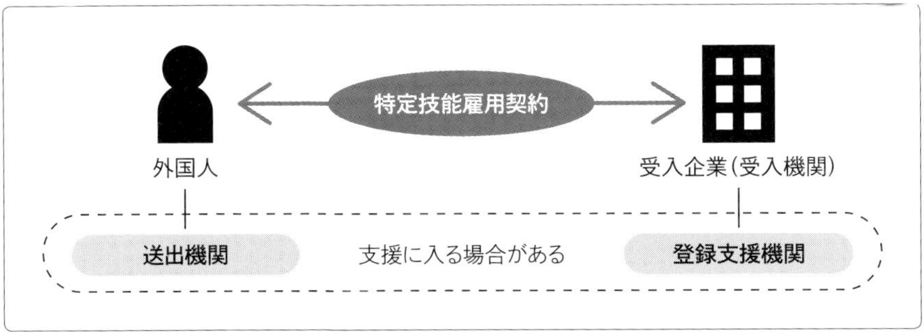

◇「特定技能」の取得ルートは２通り

「特定技能」は、まず「特定技能１号」を取得し、次に「特定技能２号」を取得するという**２段階制**になっています。「特定技能１号」を取得するルートには、下記のように①「技能実習」からの移行と、②試験合格による取得の２通りが用意されています。

●「特定技能１号」の取得要件と在留期間

①「技能実習」から移行する

①のルートでは、現役の技能実習生や元技能実習生は、次の２つの条件を満たせば「特定技能１号」への移行が認められます。

ⅰ)「技能実習２号」を良好に修了（３年間の技能実習を経験)。

ⅱ）技能実習で修得した技能が、「特定技能」での業務と関連する。

②試験合格による取得

②のルートは、①の条件を備えない外国人が対象です。国内外で実施される技能試験と日本語能力試験を合格していることが要件です。

▶在留期間・家族の帯同

「特定技能１号」の在留期間は１年、６か月、４か月。更新できますが通算５年を超えることはできません。また、家族の帯同はできません。

●「特定技能２号」の取得要件と在留期間・特典

「特定技能１号」を経て、試験などに合格すると、「特定技能２号」を取得できます。「特定技能２号」では、在留期間の更新ができ、期間の上限はありません。また、家族（配偶者と子ども）を帯同させることができるようになります。

ただし、現在のところ「特定技能２号」に移行できる産業は、建設業と造船・舶用工業だけであることに注意しましょう（2020年10月現在)。

特定技能取得の流れ

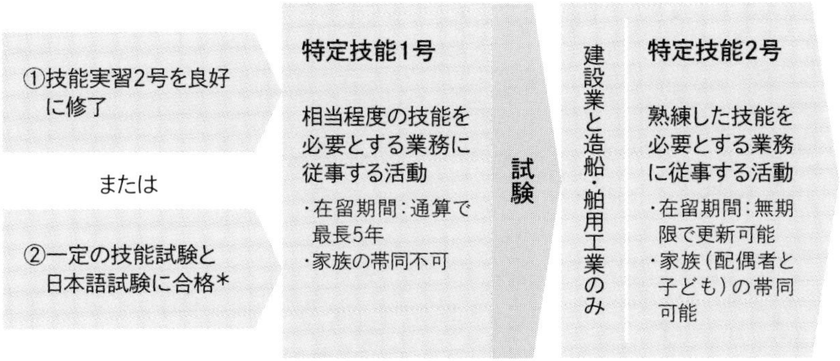

＊技能の試験は、各分野の初級技能者水準の3級相当レベル、日本語能力試験は、日本語能力試験のN4レベル（日常会話程度）とされている。ただし介護分野は、より高い日本語能力が求められる。

◇外国人へのサポートが義務づけられる

「特定技能」で外国人を雇い入れる受入企業（受入機関または特定技能所属機関）となるには、次のページの図のように外国人と結ぶ雇用契約や受入企業自体の雇用体制が適切であるといった条件が必要です。

受け入れ後も、**支援計画を適切に実施する**などの義務があります。怠った場合には、出入国在留管理局からの指導・改善命令などの対象となるほか、罰則規定が適用されるおそれがあります。

「特定技能１号」の外国人への支援は非常に多岐にわたり、特に中小・零細企業、個人事業主は、自社ですべて実施することは難しいかもしれません。そこで、支援の実施を登録支援機関に委託することもできます。

受入企業の条件と義務

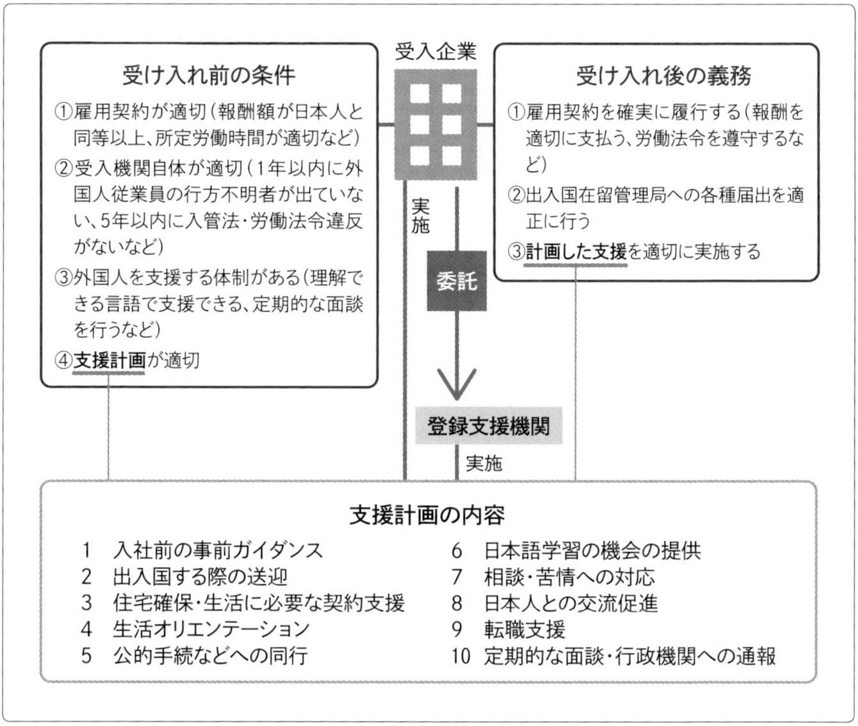

ワンポイントメモ

「特定技能」で雇用する外国人の母国は実質限られている!?

「技能実習」とは異なり、「特定技能」の人材を送り出す国に制限はありません。しかし実情は、日本と特定技能の協力覚書を交わしたベトナム、インドネシア、フィリピンなど12の国に絞られています。そんな背景もあり、実際の受け入れ人数は創設当初の見込みより大幅に下回っています（2020年３月現在）。

受け入れ拡大のために、協定を交わしていない国の外国人の受験機会を増やす（2020年４月以降）などの改変がされており、今後も大幅な改変が見込まれます。「特定技能」での外国人雇用を検討するときは、法務省のホームページなどで最新情報を確認しましょう。

コラム 「特定技能」と技能実習制度との違いに要注意

技能実習制度と特定技能制度は、想定される人材や業種の接点が多く、混同しやすいので注意しましょう。趣旨や法的根拠などに大きな違いがあり、同じように考えているとトラブルが生じる危険性があります。ここでは、2つの制度の主な違いを整理しておきましょう。

特定技能と技能実習の違い

	技能実習（団体監理型）	特定技能1号
在留期間	1号：1年以内 2号：2年以内 3号：2年以内 （合計で最長5年）	通算で最長5年 （特定技能2号は無期限）
入国時の技能水準（試験の有無）	なし （原則、試験なし）	相当程度の知識または経験が必要 （原則、試験あり）
関与する団体	監理団体 （受入企業が監理団体の傘下に入る）	登録支援機関 （受入企業が必要時に支援業務を委託する）
外国人の採用方法	通常、監理団体が送出機関を通じて採用する	自社での採用活動を想定している
仕事の内容（レベル）	技能実習計画に基づいた講習の受講、技能などを要する業務に従事する活動 （非専門的・非技術的分野）	相当の知識・経験・技能を要する業務に従事する活動 （専門的・技術的分野）
転職の可否	原則できない	できる （同一の業務区分内で行うなど、一定の制限あり）

8 就労ビザの種類⑤ 特定活動

◇個々に活動を指定する在留資格「特定活動」

外国人は、滞在目的に応じて認められた在留資格で入国し、国内で活動しています。在留資格は全部で約30ありますが、多岐にわたる外国人の活動をすべての在留資格に当てはめることは困難です。

そこで、規定の在留資格に当てはまらないものの、入国・滞在してOKと認められる活動に対応するために設けられたのが、在留資格「特定活動」です。「特定活動」で認める外国人の活動は、個々に指定されます。ワーキングホリデー、外国の大学からのインターンシップ、在留資格「高度専門職」の外国人の配偶者など約50種類の活動がリストアップされています。

◇指定書で詳しい活動を確認する

「特定活動」で就労できるかどうかは、指定された活動内容によります。採用を考える外国人が「特定活動」の在留資格を持っている場合は、パスポートに添付されている指定書（下図）で、詳細な活動を確認してから採用の可否を判断します。

指定書

指定書に規定されていない活動は原則として認められない。

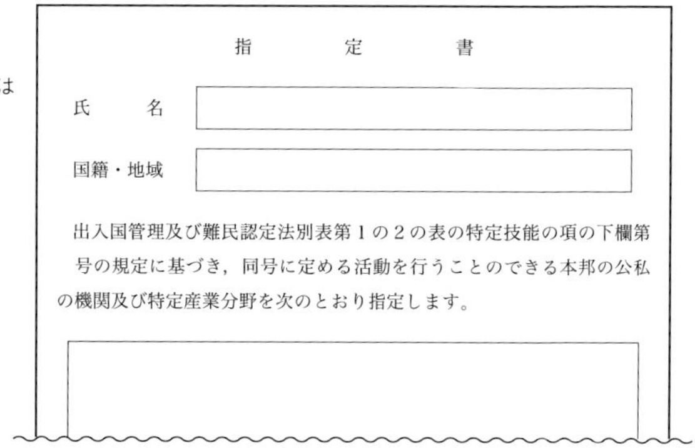

指　　定　　書

氏　　名

国籍・地域

出入国管理及び難民認定法別表第１の２の表の特定技能の項の下欄第　　号の規定に基づき，同号に定める活動を行うことのできる本邦の公私の機関及び特定産業分野を次のとおり指定します。

◇国内大卒・院卒者の採用幅が広がる「特定活動46号」

就労できる「特定活動」は特殊なものが多く、一般企業で雇用できるものは限られています。そんな中、日本の大学・大学院を卒業した外国人を対象にした「特定活動46号（本邦大学卒業者）」が2019年に新設されました。この在留資格の特徴は、後述するように一定条件の下で、接客や製造などの単純労働を含んだ業務ができる点です。

国内の大学・大学院卒の外国人は高い専門知識と日本語能力を兼ね備えており、彼らを訪日外国人の接客や、外国人従業員と日本人従業員とのパイプ役に活用したいというニーズは多くあります。しかし、そのような活動に当てはまる在留資格がなかったため、これまでは活用が見送られてきました。「特定活動46号（本邦大学卒業者）」の設置で、日本の大学・大学院を卒業した外国人を、より幅広い分野で採用できるようになります。

「特定活動46号（本邦大学卒業者）」の特徴

●資格・学歴・職歴などの主な要件

①**学歴**：日本の４年制大学を卒業、または大学院を修了し、学位を授与された。※短期大学、専門学校、外国の大学・大学院は対象外。

②**日本語能力**：下記のいずれかに該当すること。

ｉ）日本語能力試験のレベルがN1、またはBJTビジネス日本語能力テストで480点以上。

ⅱ）大学または大学院で「日本語」を専攻して大学を卒業したこと。

※外国の大学・大学院で日本語を専攻した場合も含む。この場合でも、あわせて日本の大学・大学院を卒業・修了している必要がある。

③**契約形態など**：常勤の職員（フルタイムの正社員）であること。

※短時間のパートやアルバイト、派遣社員としての活用はできない。

④**報酬**：日本人が従事する場合に受ける報酬と同等以上の報酬を受けること。

⑤**その他**：素行の良・不良、定められた届出の履行状況、社会保険の加入状況などが考慮される場合がある。

●職種例

・飲食店の店舗管理業務や通訳を兼ねた接客業務（日本人に対する接客も含む）

・工場でのライン作業のほか、技能実習生に対する外国語での作業指示の伝達・指導

・小売店での仕入れ・商品企画のほかに、通訳を兼ねた接客販売業務（日本人に対する接客も含む）など

●審査のポイント

・日本語での円滑な意思疎通を必要とする業務を含むこと。

⇒ ○　作業指示を日本語や他の言語で第三者に伝えて働きかける、外国人従業員と日本人従業員の双方向のコミュニケーションを取り持つなど、翻訳・通訳などの要素が必要とされる。

×　雇用主からの指示で作業を行うだけの受動的な業務は認められない。

・本邦の大学・大学院で修得した広い知識や応用能力を活用すること。

⇒ ○　従事する業務に在留資格「技術・人文知識・国際業務」の対象となる業務が含まれている、または、今後そのような業務に従事すると見込まれる。

×　単純労働のみの業務は認められない。

●その他の特記事項

①**家族の滞在**：扶養家族（配偶者・子）は、「特定活動（本邦大学卒業者の配偶者等）」の在留資格で国内に滞在することができる。

②**在留期間**：在留期間は、５年・３年・１年・６か月・３か月。ただし在留資格「留学」からの変更時と初回在留期間更新時の在留期間は、原則として「１年」。

③転職者を雇用する際の注意点：他の会社で「特定活動46号（本邦大学卒業者）」を取得した外国人を採用する場合は、在留期間が残っていても、あらためて自社を勤務先とした「特定活動46号（本邦大学卒業者）」への変更許可申請が必要。

ワンポイントメモ

雇用できる在留資格「特定活動」の例

「特定活動46号（本邦大学卒業者）」のほかにも、一般企業が雇用できる主な「特定活動」を挙げましょう。

特定活動名	対象者	就労範囲など
高度専門職外国人の配偶者	在留資格「高度専門職」の外国人の配偶者として滞在している外国人	日本人と同じように、制限なく就労可能
継続就職活動大学生・継続就職活動専門学校生	在学中から続けていた就職活動を卒業後も継続している元留学生	留学生と同じように、フルタイムで雇用する場合は、就労内容に該当する在留資格に変更する
インターンシップ	外国の大学に通う外国人に、報酬を払って実習経験をしてもらう。期間は1年未満	正式に雇用する場合は、就労内容に該当する在留資格に変更する

9 雇用時に必ず確認する在留カードのチェックポイント

◇採用前に在留カードを確認する義務がある

在留カードは、日本に適法に入国し中長期間滞在する外国人に対して交付される滞在許可証兼身分証明書です。

外国人を雇用しようとする際、その外国人が持っている在留カードで、そもそも国内で就労できるのか、どんな仕事で雇用できるか、就労制限の有無はどうかなどを確認する義務が雇用主にあります。確認を怠って、その外国人が不法に滞在・就労していることが後でわかった場合、雇用主が不法就労助長罪に問われる可能性があります。

外国人を雇い入れるときは、次のページ下の表「在留カード確認の流れ」に沿って在留カードを確認してください。

◇在留カードには最新の情報が反映されている

入国時に決定した在留資格の情報をもとに、在住の市町村で在留カードが交付されます。一部の主要な空港では入国時に発行されます。

在留期間を更新したり、在留資格を変更したりする場合には、市区町村や出入国在留管理局に届け出ることが義務付けられています。したがって、在留カードには、常に更新・変更内容に応じた最新の情報が反映されていることになります。

◇在留カードの交付対象とならない外国人は雇用できない

短期滞在者など、在留カードが交付されない外国人を雇用することはできません。具体的には、次のページ上で示すような外国人です。

ただし、いわゆる在日韓国人、在日台湾人などの特別永住者には特別永住者証明書が交付され、日本人と変わらない雇用ができます。特別永住者を雇う場合は、特別永住者証明書を確認します。

就労の制限がなく、どのような仕事でも雇うことができます。

在留カードが交付されない外国人＊

①在留期間が3か月以下の在留資格（「短期滞在」など）
②「外交」または「公用」の在留資格
③①から②の外国人に準じる者（正式な国交を持たない国の職員など）
④在留資格を持たない不法入国者・不法滞在者

＊特別永住者を除く。

在留カードの確認の流れ

①求人への応募時に、在留カードの提示を求める

- あくまで原本の提示を求め、在留カードのコピーを認めないようにする。外国人は常に在留カードを携帯する義務があるので、持っているはず。

⬇

②記載事項を確認する（次ページ）

- 偽造・変造をチェックする方法を下記のwebサイト「在留カード及び特別永住者証明書の見方」で紹介している。
  http://www.immi-moj.go.jp/newimmiact_1/pdf/zairyu_syomei_mikata.pdf
- 下記のwebサイト「在留カード等番号失効情報照会」で失効の有無などを確認できる。
  https://lapse-immi.moj.go.jp/
- カードには、変造・偽造防止のICチップが内蔵されている。専用の機器を使ってICチップの情報を確認できる。

⬇

③在留カードをコピーして保管する

- 万が一、後で不法就労などが発覚したときに、在留カードをチェックしたという証拠になる。
- 行政書士、社労士などの専門家に相談する際、資料として提出する。
- 個人情報が入っていることに留意して適切に保管する。

表面

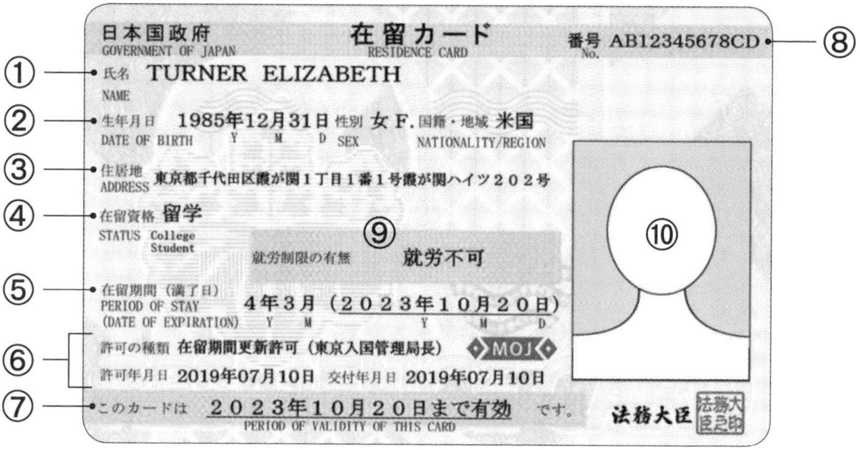

①氏名

②生年月日／性別／国籍・地域

③住居地

変更があった場合は、裏面に記載される。

④在留資格の種類

就労できる在留資格かどうかを確認する。

⑤在留期間及び在留期間の満了日

満了日まで国内に滞在することができる。

⑥許可の種類および許可年月日・交付年月日

⑦有効期間

在留カードの有効期間

⑧在留カード番号

失効しているかなどをチェックする。

⑨就労制限の有無

在留資格の種類によって、記載内容が変わる。

・就労制限がない在留資格の記載

「就労制限なし」

・就労制限がある在留資格の場合はいずれかの記載

1「在留資格に基づく就労活動のみ可」

2「指定書記載機関での在留資格に基づく就労活動のみ可」（在留資格「技能実習」の場合）

3「指定書により指定された就労活動のみ可」（在留資格「特定活動」の場合）

・原則として就労できない在留資格の記載

「就労不可」＊

＊裏面の記載次第では就労できる。（次ページ⑫を参照）

⑩顔写真

16歳以上の外国人は顔写真が表示される。

裏面

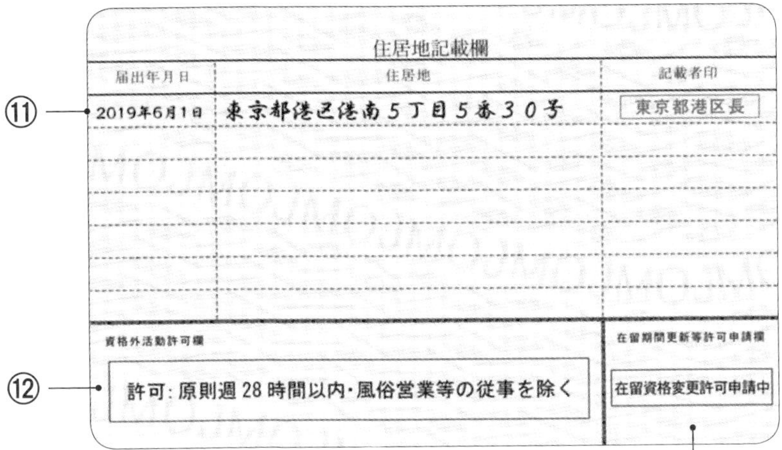

資格外活動許可の具体的な内容は、資格外活動許可書で確認する。

⑬

⑪住居地記載欄

住居地を変更すると、変更履歴が記載される。

⑫資格外活動許可欄（P60）

表面⑨の「就労制限の有無」欄に就労制限や就労不可の記載があっても、この欄に次のいずれかの記載があれば（　）内に書かれた条件つきで就労できる。

1 許可（原則28時間以内・風俗営業等の従事を除く）
2 許可（資格外活動許可書に記載された範囲内の活動）

資格外活動許可シール

パスポートには資格外活動許可シールが貼付される。

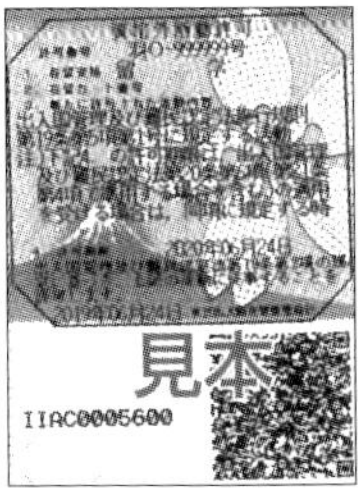

⑬在留期間更新等許可申請欄

在留期間更新許可申請や在留資格変更許可申請をすると、申請中であることが記載される。

10 留学生のアルバイトで必須！資格外活動許可

国内の外国人が、認められた在留資格の範囲以外の活動をすることを資格外活動と言います。就労活動を含めて、資格外活動は原則としてできません。しかし、資格外活動許可を受けた場合は、一定の条件のもとで在留資格の範囲外で就労ができます。

実際に、コンビニや飲食店、工場でのアルバイトなど、留学生などが資格外活動許可を得て働いている例は多くあります。

◇許可を受けずに資格外活動をした場合の処分

外国人が、資格外活動許可を受けないで在留資格の範囲を超えた就労活動をした、または許可を受けても許可の範囲を超えて就労活動をした場合、資格外活動罪に問われる可能性があります。その外国人を雇った会社にも、不法就労助長罪が問われることがあるので気をつけましょう。

◇雇用前に申請して許可を受けておく

次のページのフローチャートで資格外活動許可が必要なケースを確認しましょう。雇おうとする外国人が、資格外活動許可が必要なのに許可を得ていない場合は、本人に出入国在留管理局で許可申請の手続をしてもらい、許可が下りてから雇用します。

申請から審査を経て結果が出る目安（**標準処理期間**）は、短くて**２週間**です。書類の不備などで**２か月以上を要するケースもある**ので、余裕を持って準備をしましょう。

雇おうとする外国人は資格外活動許可が必要？ 判断チャート

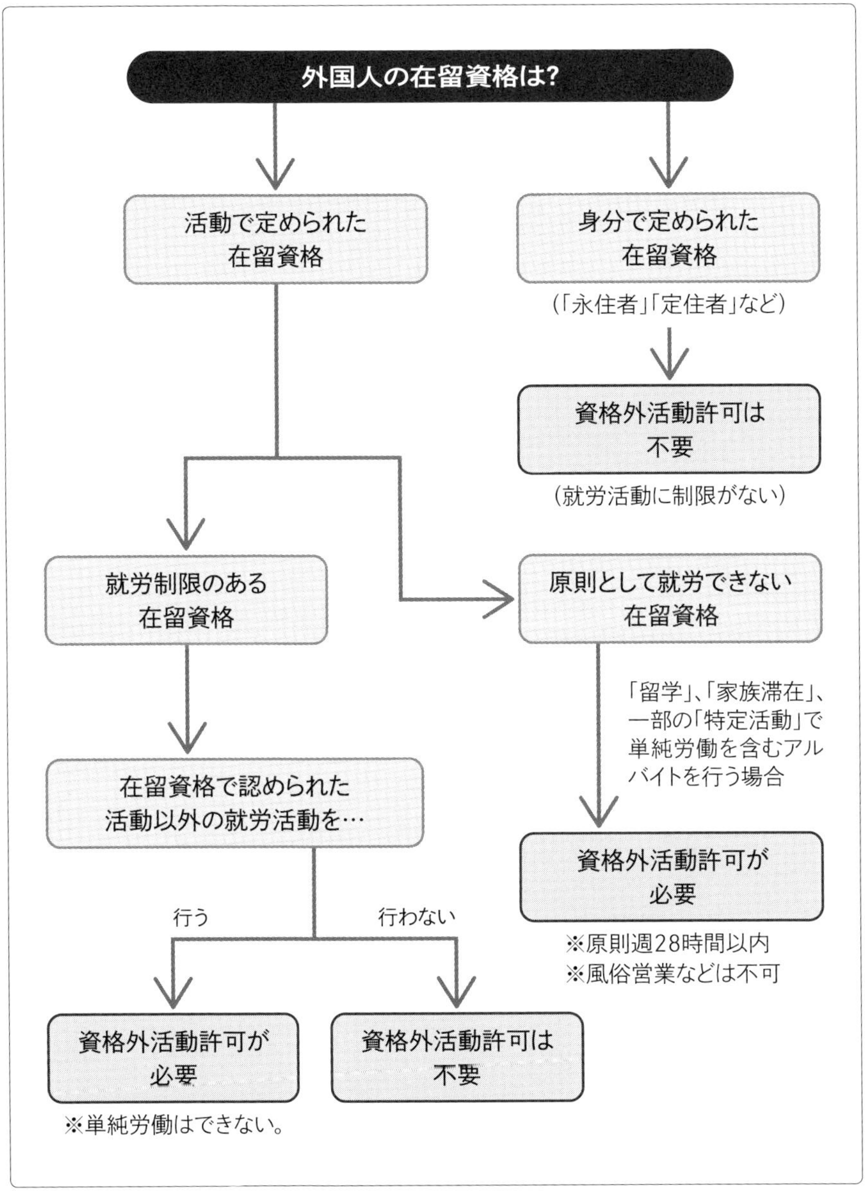

11 日本にいられなくなる！不法就労になるケースとは

不法就労は違法な働き方です。雇用主は、不法就労にはどんなケースがあり、どんな処分があるのかを知っておかなければなりません。

◇不法就労となるケース

外国人の不法就労には、２つのパターンがあります。

（１） 不法滞在者が働く

（２） 在留資格で認められた活動の範囲外で働く

（１）不法滞在者が働く

不法滞在とは、偽造パスポートなどを使って不正に日本へ入国したり、在留期間が切れた違法な状態で国内に滞在している（オーバーステイ）ことです。不正な手段で在留資格を取得・変更・更新した場合も不法滞在になります。国外退去が決まっている外国人や不法滞在者は、国内で働くことはできません。

（２）在留資格で認められた活動の範囲外で働く

●就労不可の在留資格を取得している場合

適法に入国して在留資格を取得しても、不法就労となるケースがあります。「短期滞在」「留学」「家族滞在」などの就労できない在留資格で、資格外活動許可を得ずに国内で働く場合です。

「留学」や「家族滞在」は、資格外活動許可を得れば、就労時間や就労場所の制限付きで就労ができます。しかし許可の範囲外、つまり時間や場所の制限を超えて働けば、資格外活動違反とみなされ、不法就労に問われる可能性があります。

●就労範囲を定めた在留資格を取得している場合

就労ビザなどの就労できる在留資格を持っていても、許可を得ずにその在留資格の範囲外の仕事をすれば、資格外活動違反に当たり不法就労となります。例えば、調理師などの仕事が認められた在留資格「技能」では、在留資格「技術・人文知識・国際業務」にあたる通訳業などに従事することはできません。事前に、資格外活動許可を得ることが必要になります。

◇不法就労の処分

資格外活動違反も含めて不法就労とみなされた場合は、不法就労期間などに応じて出国命令処分やより重い退去強制処分が科されます。どちらも国外への出国をさせる処分ですが、出国命令処分は１年間、退去強制処分は５年間、日本に再入国することができません。

不法就労のパターンと罰則

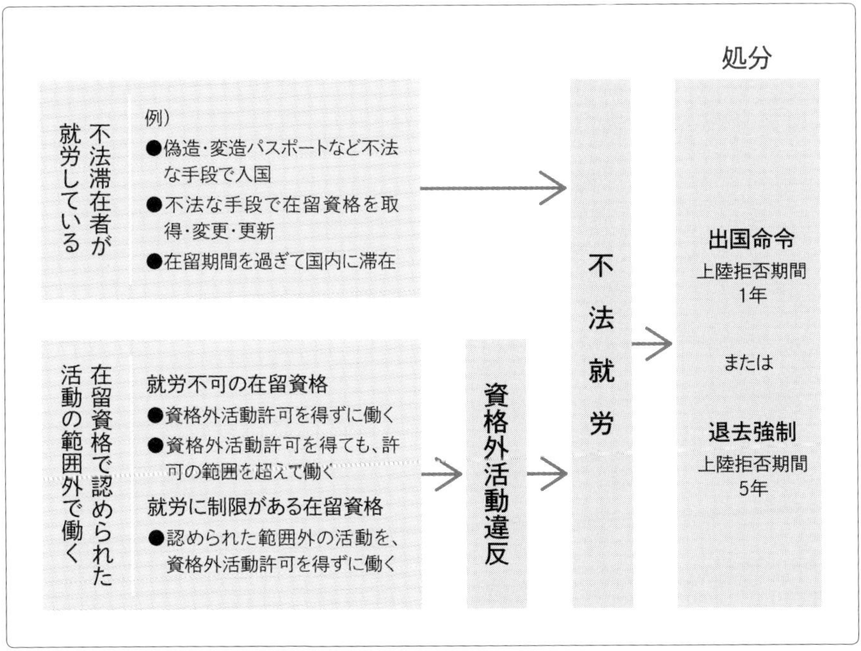

12 関係者も処分される？ 不法就労の予防と対処法

◇雇用時に確認を怠ると雇用主も罪に問われる

雇用主は、不法就労となる外国人を雇用してはなりません。雇用時に在留カードなどの書類のチェックを怠り、結果として不法就労が発覚した場合は雇用主も不法就労助長罪に問われます。在留カードのチェック方法はP56を参照してください。

不法就労助長罪は、不法就労をさせただけではなく、あっせんした場合にも当てはまります。外国人の不法就労では、雇用主やその関係者も罪に問われる可能性があることを覚えておきましょう。

◇不法就労がわかったときの対応は

●すぐに届け出るのが賢明

十分チェックしても、不法就労者を雇ってしまうことはあり得ます。そんなときは、不法就労だとわかった時点で出入国在留管理局へ通報したり、外国人従業員に出頭をうながすようにしましょう。わかっていて雇用を続けると、不法就労助長罪に問われることがあります。

●すぐに届けることは外国人側にもメリットがある

出入国在留管理局にすぐに相談することには、外国人側にもメリットがあります。他に入管法違反がないかなどにもよりますが、不法就労の期間が短いほど、罰則も軽くなる傾向があるからです。

罰則が出国命令処分なら、上陸拒否期間は１年間。つまり１年で日本に再入国することができます。しかし、より重い退去強制処分では上陸拒否期間が長くなり、５年間は日本に再入国できません。

不法就労助長罪とは

雇用主やその関係者が罪に問われる

どんなときに

- 不法就労をさせた
- 不法就労の目的で支配下に置いた
- 不法就労活動をあっせんした

罰則は

- 3年以下の懲役または300万円以下の罰金
- 退去強制処分（事業主が外国人の場合）

メディアで処分が報道される例もあり

ワンポイントメモ

ほかにもある、関係者が処分されるケース

外国人だけではなく、関係者まで罪に問われるのは不法就労助長罪だけではありません。次のページで紹介する在留資格等不正取得罪でも、在留資格の不正な手続に関わった人たち（雇用主、行政書士など）が処罰の対象になり、不正就労助長罪と同様の処分が科されます。不正な内容だと知らなかったという理由が通らない恐れもあります。

外国人の不法な滞在の片棒をかつぐつもりがなくても、少しでも関わった時点で罪となる可能性が高いことに、十分な注意が必要です。外国人雇用の手続では、信頼のおける業者や専門家を選びましょう。

1章 章末コラム

在留資格取消処分に注意

◇不正に在留資格を取得するとすぐに国外退去となる

在留資格を取得・変更・更新するときに、虚偽の申立てをする、不利なことを隠す、ウソが書かれた文書を提出するといった不正行為をするのも罪に問われます。例えば、未経験なのに長年貿易業務に従事していたという書類を偽造して、就労ビザを申請するような場合です。

正確には、在留資格等不正取得罪と言いますが、この罪に問われると在留資格を取り消され(在留資格取消処分)、ただちに国外への退去強制処分となります。

◇与えられた在留資格の活動をしないと自主出国に

与えられた在留資格の活動を一定期間行わない場合（就労系ビザの場合は３か月間)、在留資格変更や住所変更の後90日以内に届出をしない場合なども、在留資格取消処分となります。この場合は、正当な理由がなければ、30日間の猶予期間中に自主的に出国することになります。

在留資格取消処分となる件数は、近年増加しています。一度取消処分になると、取消事由によっては再入国が難しい場合があります。これは外国人にとっても都合が悪いでしょう。

雇用主は、外国人従業員が在留資格取消処分にあたるようなことをしているかどうかにも注意していきたいもの。例えば留学生を雇っているなら、きちんと学校に通っているのかなどにも目を配っていきましょう。

2章

募集〜採用の流れ

2章
ガイダンス

採用活動の流れとポイント

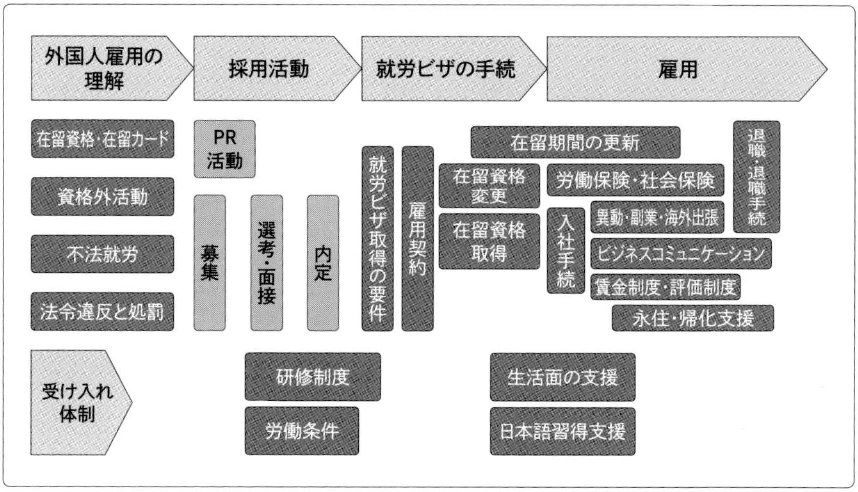

この章では、採用ルートが限られている「技能実習」と「特定技能」以外の在留資格で外国人の求人を行うときの流れとポイントを確認していきます。

◇採用活動で中小企業が心がけること

外国人の採用活動は、次のページのような流れになります。

綿密な採用計画の立案に人員や時間を割くことは、大企業にはできても中小企業ではなかなか難しいでしょう。まず試行錯誤を織り込んで長期計画を立てておき、採用目的を明確にする、社内で外国人雇用への理解を得ておくといった要点を押さえてプロセスを決めるようにしてください。

採用では、3章の在留資格取得手続や変更手続などとセットになることが多いです。最終的に手続が完了するまでの期間を考慮して、採用活動を進めるようにしましょう。

なお、企業にも外国人を採用する要件があります。詳しくはP91で説明します。それほど厳しいものではありませんが、自社が要件をクリアしているのかを採用準備時にざっくりと確認しておきましょう。

採用活動の流れ

準　備

・採用目的の明確化 …… P70
・採用したい人物像の決定 …… P70
・職場内で採用活動を共有 …… P72
・制度・労働環境の整備 …… P72、4章、7章
・自社PR資料の作成 …… P72
・就労ビザ（在留資格）と職務内容の決定 …… P73

募　集

・募集方法の決定 …… P74
・労働条件の明示 …… P77

選　考

・書類選考 …… P79
・面接 …… P79

内　定

・内定通知 …… P81

受け入れ手続へ …… 3章

1 採用する目的を明らかにする

◇事業方針・経営課題をふまえる

採用活動の始めに、**外国人の採用目的を明らかに**しましょう。採用担当者が採用目的をしっかり理解していないために、面接などで外国人に採用目的を十分説明できず、採りたい人材を採れなかったという例がよく見られます。自社の事業方針、今後の事業計画、経営課題をふまえて採用する目的を決め、採用担当チームで共有しましょう。

事業方針や経営課題を整理すると、おのずと外国人を採用する目的がはっきりしてくるでしょう。採用目的を決めると、「どんなスキルや適性を持った人がいいか」「育成を視野に入れるか、経験者を優先するか」というように、採用したい人物像も定まってきます。

例えば、サービス業で外国人の観光客や中長期滞在の顧客を増やす事業方針なら、採用目的は「○○国人のインバウンド供給の拡大を図るため」、採用したい人物像は「○○国の言葉を話す外国人で、長期的に育成するために留学生が望ましい」というように決まっていきます。

◇長期的な視点を忘れない

企業が外国人を採用する目的は、次のように大別できます。

（1） インバウンド対策（国内の外国人観光客・滞在客への対応）
（2） アウトバウンド対策（事業の海外展開への対応）
（3） 優秀な人材の確保
（4） 職場の多様性を高める・職場の活性化
（5） 人手不足の解消

どのような目的にも、背景にあるのは、グローバル化と国内の労働人口の

などがあります。アルバイトやパート、単純労働での求人もできます。

また、特定の国の出身者に向けて求人を行いたい場合は、その国の言葉で発行される国内外の新聞や雑誌に求人広告を出すことも有効です。

ワンポイントメモ

国内外のジョブフェアに参加

留学生が多く在籍している大学や専門学校では、留学生のための就職説明会を開催しています。地方では、地域の教育機関や自治体などが集まって留学生と地元の企業のマッチングを行うケースがあります。前述の外国人雇用センターでも求人・求職を応援するフェアを度々開催しています。まずはこういった国内のジョブフェアに参加して、ネットワークを広げていくのもいいでしょう。

海外にもジョブフェアはあります。業種や国を絞って参加し、アピールしていくのも方策です。海外のジョブフェアに出向くのは大企業が多いのですが、外国人材の獲得に熱心な中小企業の参加も増えています。

◇労働条件は募集時にメールやSNSで知らせてOK

日本人・外国人に関わらず、求人では最低、下の労働条件を明示します。望ましい資格や条件があれば、求人時に忘れずに明示しましょう。書面の交付のほか、応募者が希望する場合には、ファクシミリ、メールやSNSを通しての文書での明示も認められています。遠くにいる応募者には、このような媒体を使って知らせるといいでしょう。

募集時に必ず明示する労働条件

○従事する業務　○労働契約期間　○就業場所　○労働時間・休日　○賃金
○労働・社会保険の適用など

4 選考～面接の進め方

求人に応募してきた外国人、自社に興味を持った外国人に、採用選考を行います。

書類と面接で選考するという流れ自体は、日本人を採用するときと変わりません。細かく見ると、いくつかの注意点があります。

◇外国人に合った採用ステップと募集時期

●採用ステップを簡潔にする

海外では、採用ステップが短い傾向があります。日本流に書類選考から一次面接、二次面接、適性検査を経て最終面接という風に手順を踏むと、時間もかかって、有望な外国人応募者が離れてしまいかねません。下図のように、採用ステップが簡潔になるように工夫しましょう。

採用ステップ　モデル例

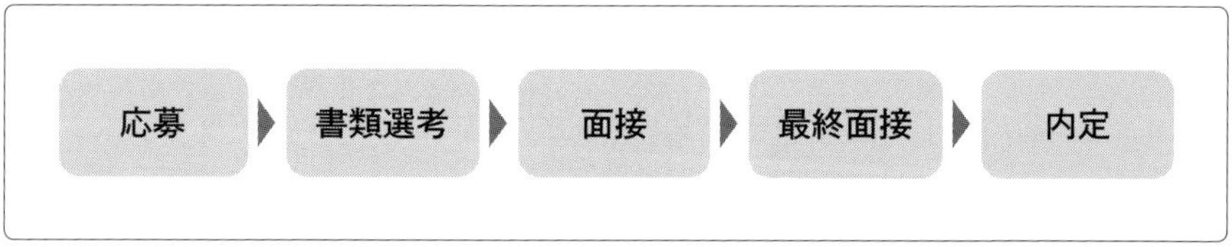

●募集時期を工夫する

外国人は日本の就職のしくみをあまり理解していません。留学生は在学中に就職活動をするという考えがなく、就職活動を遅く始める傾向があります。日本人と同じように新卒の採用スケジュールを決めると、出足は応募者が少ない、ということになりがちです。募集時期を決めるときは、このような点を考慮して、新卒採用では募集時期を長めに設定する、中途採用は通年募集にするなどの工夫をします。

◇書類で重点的にチェックすること

書類選考で提出してもらうのは、次のような書類です。履歴書は記載項目を指定しておきます。在留カードとパスポートは、提出書類でコピーを求め、最終面接で原本を提示してもらうといいでしょう。

・履歴書
・（国内在住者）在留カード、パスポート

履歴書で確認する主な記載事項

□氏名・生年月日・年齢・性別
□国籍・地域
□住所（日本に住んでいない場合は母国の住所）
□連絡先（電話番号、メールアドレス）
□（国内在住の場合）在留資格・在留期限・資格外活動許可の有無
□学歴・職歴（専攻科目、学位、職務内容など）
□日本語能力のレベル・日本語の学習歴
□保有資格
□自己PR・志望の動機

●事実確認を重視する

日本語や母国語、英語で書かれているかに関わらず、履歴書をチェックするときは、自社が求めている経験や技術、学歴が書かれてあるかの事実確認を重視します。外国人は転職することにあまり抵抗がありません。履歴書に多くの転職歴があるからといって、この時点で何か性格や能力に問題があるのではと決めつけて落とすのは早まった判断です。面接に進んでもらい、そこで転職が多い理由を率直に聞くといいでしょう。

●日本語能力のレベルを上げない

日本語の検定試験のレベルで日本語能力を測ることができます（➡4章）。ただ、日本人相手の接客業や同時通訳、翻訳業など日本語能力がある程度必要な職種を除いて大目に見るべきでしょう。

日本人なら誤字・脱字、おかしな日本語の多い履歴書はその場で不採用と決めてもいいのでしょうが、外国人であれば許容範囲です。

◇面接での注意点

●自社が伝えるべきこと

自社の経営方針、労働環境、人事評価のしくみやキャリアパスを率直に伝えます。会社にも、良いところもあれば悪いところもあるのが普通です。良い面だけでなく悪い面もきちんと伝えることを意識します。その姿勢が外国人に好感を持たれるでしょう。

●聞いておくこと

面接では意欲、適応性などを見ます。書類選考と同様、技術力や経験以上に日本語のコミュニケーション能力を重視することはありません。ただし、日本語の勉強をどれくらいの期間、どのように勉強してきたかは確認しましょう。今はまだ日本語能力が低くても、どのように勉強していくと身につくかと考えているかを聞いてみるのもよい方法です。

また、入社後や、将来のキャリアビジョンを確認しましょう。２～３年後や10年後をどうしていきたいか。母国に帰ってやりたいことがあるか、などです。

コラム　面接の流れ～面接の前にリモート面接を活用

応募者が海外にいる場合などで、Zoomなどのオンラインコミュニケーションツールを使ったリモート面接を導入している企業は少なくありません。2020年のコロナ禍によってオンラインでの会議や打ち合わせが急速に普及したこともあって、この動きは加速していくことでしょう。

ただし、内定を出す前に１度は、来日してもらうなどして会うようにしましょう。外国人にとっても、職場の雰囲気やそこで働く従業員を直接見ることが、就職の決め手になるかもしれません。

なお、面接時は短期滞在ビザで来日してもらうのが一般的です。短期滞在ビザでは、報酬が発生する活動ができないことに注意します。

5 内定の出し方・ポイント

◇内定前に確認しておきたいこと

内定前には詳しい労働条件を示して、同意を得ておきましょう（➡3章）。

労働条件以外にも、トラブルにならないように内定前に確認することがあります。例えば、外国人が国外に住んでいる場合、来日時の渡航費用については、会社が負担する、会社が立て替えた後に本人から徴収するなど、ケースバイケースです。どちらがどれくらい負担するのかを、最初に取り決めておくことが大事になります。他に、住居の確保のサポートはあるのかなどについて取り決めておきましょう。

◇書面で内定の承諾をもらう

企業と応募者が、お互いに労働環境や労働条件について同意をしたら、内定を出します。外国人から承諾があれば、下記のような「内定を取り消す事由」が起こらなければという条件付きで、労働契約が成立したことになります。

内定を出して承諾を得たということを文書で残しておきましょう。書面やメールなどで内定通知書を出して、期限を設けて内定承諾書をもらうという形がいいでしょう。

内定を出す際には、右のような内定を取り消す際の事由を伝え、その点でも承諾を得ておきます。

内定取消し事由　例

①就労できる適切な在留資格を取得できなかったとき
②採用にあたって提出していた書類に虚偽があったとき
③病気、事故など健康上の理由により、勤務ができない状態になったとき
④犯罪行為など、従業員として不適格な行為を犯したとき
⑤その他、採用内定を取り消しせざるを得ない事由が発生したとき

2章 章末コラム

派遣労働者の受け入れ検討は業者選びから

◇スキルの高い労働者と出会う可能性も

直接雇用ではなく、人材派遣業者を介して外国人労働者の派遣を受けるという選択肢もあります。

派遣を禁止された業務がある、受け入れ期間が決められているといった制約はあるものの、しっかりと選べば高いスキルを身につけた労働者を受け入れることができるでしょう。

派遣労働者を受け入れる中小企業はまだ少数派のようですが、外国人の派遣市場は拡大の傾向にあります（2020年現在、新型コロナウイルスの流行で停滞気味）。今後の選択肢に入れてもいいでしょう。

◇「違反行為がないか」「得意業種は何か」がポイントに

派遣を成功させるには、業者選びがポイントになります。次のような点に注意してください。

1）違反行為をしていないか。国から許可を受けている業者か。
2）人材派遣業者の得意な業種と自社の業種が合っているか。

1）では、国から有料職業紹介事業の許可を受けているかどうかを公式サイトなどで確認します。また、取引をする人材派遣業者と派遣労働者の間にブローカーが入るという違法行為も時折見受けられます。違法行為をしている業者と契約していると、こちらまで罪に問われることがあります。業者を選んだ後でも、不審な点があれば、すぐに契約を打ち切りましょう。

2）のように、人材派遣業者の得意な業種と自社の業種が合っているかを、ホームページや打ち合わせでチェックしましょう。

3章

採用に必要な雇用契約書と就労ビザの諸手続

3章
ガイダンス

在留資格ごとに異なる手続に注意を

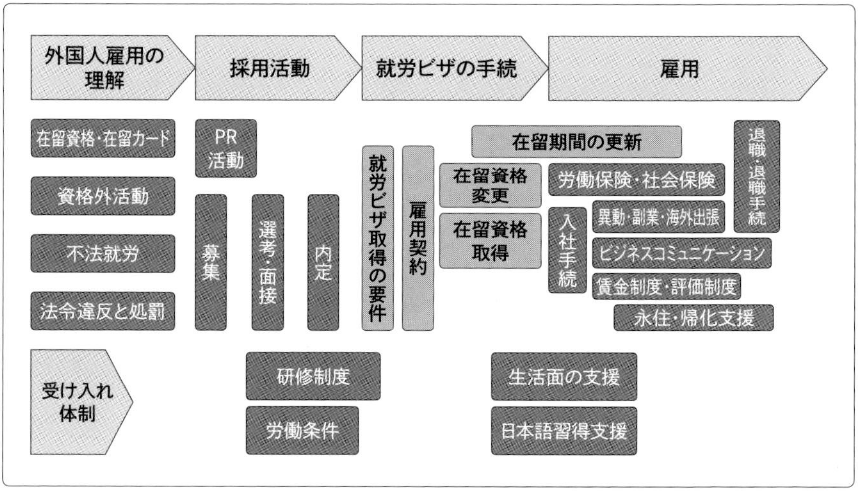

採用したい外国人が決まったら、実際に雇い入れるまでにどのような手続が必要なのでしょうか。

身分上の在留資格を持つ外国人を雇う場合は、就労の制限もないため採用の手続は日本人とほぼ変わりません。しかし、就労ビザで雇い入れる場合、採用前後の諸手続は込み入っています。手順や提出書類、書類の記載ポイントをしっかりと押さえておかないと、何度も手続をやり直すということにもなりかねません。

専門家に手続を依頼していても、企業の担当者が流れや知識を知っておくことはとても大切です。どのような点に注意すればいいのか確認しておきましょう。

◇就労ビザを取得する要件は主に３つ

外国人が就労ビザで働くには、次のページの流れを踏まえることに加えて、次の３つの要件をすべて満たすことが必要です。

1　**外国人の要件**：外国人の職歴や学歴などが、日本で従事する職務内容の在留資格に合っているか、外国人自身に法律上の問題点はないかなど。

➡ P86

2　**雇用主の要件**：会社の事業が安定性・継続性などの基準を満たしているか、事業に必要となる適正な許認可を得ているかなど。➡ P91

3　**適正な労働条件**：労働条件が適正かどうか。同じ業務に就く日本人と同等以上の報酬を受け取ることが必要。➡ P94

◇まずは在留カードをチェックする

日本にいる外国人を採用するときは、まず外国人が携帯している在留カードを提示してもらい、チェックをしましょう。在留カードの見方についてはP56で詳しく解説しています。

雇入れまでのパターンは、下のように分かれます。

内定から入社までの手続

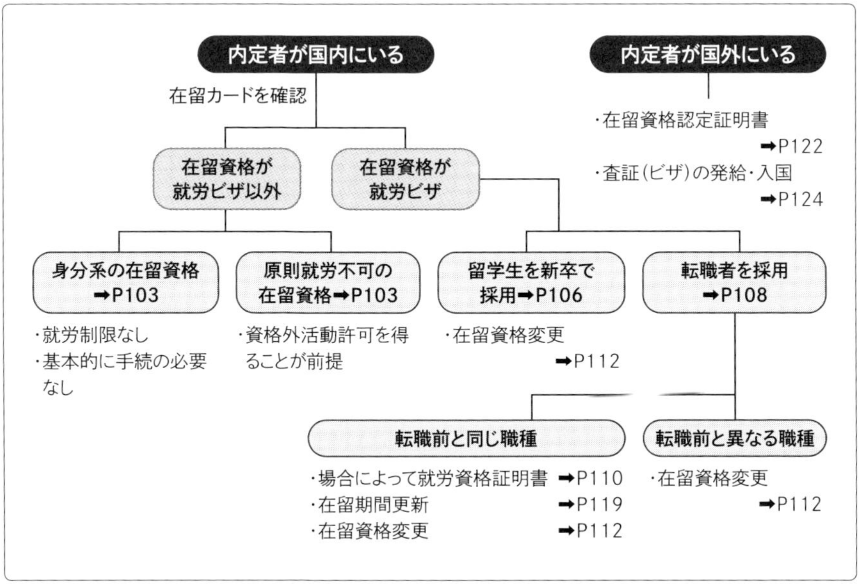

1 就労ビザ手続①
～外国人の要件

◇就労ビザを取得、変更、更新するための要件を確認する

外国人が就労ビザを取得、変更、更新するために、日本に在留するための要件は、次のように3つあります。

（1）**在留資格の該当性**：外国人の就労する予定の業務が、申請する在留資格の活動内容に該当すること。

（2）**上陸許可基準との適合性**；在留資格ごとに決められている学歴や職歴などの基準と一致し、それを証明できること。

（3）**相当性**：（変更および更新時に限る）日本国にとって、外国人本人が国内に滞在するのは適当だと判断する理由があること。

（1）在留資格の該当性

1章でも説明しているように、外国人は、滞在目的や活動内容に応じた在留資格を認められて入国・滞在しています。就労ビザを取得・変更するには、まず外国人の就労予定の業務がその就労ビザで認められた活動の範囲内にあることを確認します。

（2）上陸許可基準との適合性

在留資格ごとに決められている学歴や職歴が、就労予定の業務と一致し、それを証明できることを確認します。就労ビザの取得には、大学卒業や国内の専門学校卒業以上の学歴が必要です。ただし、学歴の代わりに職務経験で要件を満たすこともできます。そこで採用予定の外国人には、P89に挙げるような学歴や職歴を証明する書類を提出してもらいます。

どのように一致していればよいかは、1章で、在留資格「技術・人文知識・国際業務」「技能」を例に挙げて説明しています。

（3）相当性

在留資格の変更と在留期間の更新をするには、外国人が日本の国益を損なわずに滞在できる理由を説明する必要があります。下記のような安定性・継続性・必要性・信頼性を提出書類からチェックします。

①安定性

在留実績、学業の成績や出席率などから、現在までの在留期間で安定した生活を送っていたか、卓越した技術や知識を活用しているか、法令を遵守しているかを証明。成績証明書や出席証明書、在職証明書などを提出する。

②継続性

納税実績など。これからは社会保険の加入実績も問われるようになる見通し。課税証明書などを提出する。

③必要性

企業にとって必要な人材であることを主張する。雇用理由書で捕捉して説明する（➡P99）。

④信頼性

オーバーステイや虚偽申請など、過去に外国人本人が信頼性を損なう行為をしていないこと。

ワンポイントメモ

在留期間の長さを左右する「相当性」

「相当性」は在留期間にも影響します。特定の在留資格を除いて、就労ビザで入国したばかりの外国人が、３年や５年の在留期間を与えられるのは極めてまれです。まず１年の在留期間が与えられ、その期間中にどの程度「相当性」を実績として積み重ねていくかで、次の更新手続の在留期間が決まります。更新時の審査で、「相当性」が高いと判断されれば、３年や５年の在留期間を与えられます。

ワン
ポイント
メモ

在職証明書の作成では項目漏れに要注意

在職証明書は、就労ビザの取得手続で職務経験を証明するために必要な書類です。決まった書式はありませんが、必要な項目を満たしていないと、職務経験がないと判断されることがあります。90ページに掲載した項目は必ず書くようにしましょう。前の職場から在職証明書を提出してもらう場合には、あらかじめ必要事項を聞き取って自社で作成し、発行日と署名欄だけ相手側に書いてもらうようにします。この方法だと記載漏れがなくて安心です。

コラム　国内専門学校生を採用する場合の注意点

専門学校卒業生は、大学や大学院の卒業生よりも専門領域と業務との関連性が厳しく審査される傾向にあります。国内の専門学校の留学生を新卒または既卒で採用する場合、その専門領域の専門士または高度専門士の称号を付与されたことを証明する書類を、出入国在留管理局に提出します。この書類は、カテゴリー１・２の企業でも必ず提出します。

また、専門学校を卒業して専門士の資格を取ったとしても、その資格で活動できる就労ビザがないものがあります。例えば、美容専門学校を卒業して美容師の資格を得ても、美容師で活動できる在留資格はないのです（この場合はすでに身分系の在留資格を得ていれば、美容師として国内で働くことができます）。

専門学校生を採用する場合は、こうした点に留意しておく必要があります。

就労ビザの手続で外国人本人が用意する書類

就労ビザの取得・変更、在留期間更新の申請時に必要な書類は、次のようなもの。

◯学歴・職歴共通

● 履歴書　どのような学歴・職歴があるかを記述する。

履歴書　主なチェックポイント

□ 申請する在留資格に関連する技術や知識を持っているか
□ 申請する在留資格に関連する業務に、何年従事したか
□ 複数の業務に従事している場合、それぞれの従事内容、年数が明示されているか。

◯学歴　在留資格取得に必要な学歴要件を備えていることを証明する

● 大学の卒業証書（取得した学位や専攻課程が書かれているもの）
● 必要に応じて、成績証明書、単位履修証明など
＊国内の専門学校卒業の場合は、専門士または高度専門士の称号を付与されたことを証明する書類

◯職歴　在留資格取得に必要な職務要件を備えていることを証明する

● 前の職場での在職証明書（➡次のページに書式例）

以前に勤めていた会社に証明してもらう。あらかじめ必要事項を記載しておくとよい。

⬇

就労ビザの取得・変更、在留期間更新の申請時に、書類をそろえて出入国在留管理局に提出する。

＊印の書類を除いて、カテゴリー1・2（➡P93）の企業は提出を免除される（提出を要求される場合がある）。

在職証明書の作成例

①発行日の日付は必ず記載してもらいます。

発行日（Date of Issue）　２０２０年　１１月　１日
（Y）　（M）　（D）

在職証明書（Certificate of Employment）

氏名（Name）	John Smith
フリガナ（Ruby）	ジョン　スミス
国籍（Nationlity）	米国
生年月日（Date of Birth）	１９８３年　２月　８日
雇用開始日（Date of Employment）	２００６年１０月　１日
退職日（Date of Resignation）	２０１９年　７月３１日
職務（Position）	翻訳・通訳（日本語、英語）

②前職の職務内容を具体的に記載。

会社名（Company Name）

ＡＢＣ　Ｉｎｃ

所在地（Company Address）

○-○-○, Shibuya, Shibuya Ku,
Tokyo To, 150-0002, Japan

担当者氏名・連絡先（Contact name/phone）

David　Lopez（デイビッド　ロペス：Manager）
81-3-○○○○-○○○○

上記記載の事実を証明します。
（I hereby certify that the above statement is true）

署名（Signature）

David　Lopez

③前職の担当者氏名・連絡先は、省略せずに記載しましょう。
就労ビザ審査時に在留資格管理局から前の職場へ確認連絡をすることがあります。

2 就労ビザ手続②
～雇用主の要件

◇就労ビザの発行では企業も審査の対象になる

就労ビザの新規取得、変更、在留期間の更新の手続をするにあたっては、雇用主となる企業も出入国在留管理局の審査を受けます。入国・在留する外国人のスポンサー（保証人）として、信頼できる企業なのかどうかが判断されるのです。

企業の要件は、次の３要素で審査されます。

（1）　適正性
（2）　安定性
（3）　継続性

（1）適正性

法制度に沿って適正に事業をしているかということです。従業員を雇用契約にしたがって雇っているか、必要な許認可を取得して営業を行っているかなどが該当します。

（2）安定性

事業内容が安定しているかということです。従業員の人数や工場設備、取引先の数や事業規模などが審査されます。

（3）継続性

事業が今後も継続する見込みがあるかということです。設立してからの業務の変遷、現在までの売上高や納税実績などが審査されます。

◇審査にあたって提出する書類

雇用主の適正性・安定性・継続性を証明するため、企業は次のページの関係書類を提出する必要があります。

後述するようにカテゴリーによって信用度に違いがあり、信用度が低いカテゴリーでは提出書類も多くなります。ただ、現在の経営が赤字でも、審査に通る可能性は十分にあります。要は「適正に従業員を雇い、事業が安定して、今後も継続する見込みがあること」を証明できればいいのです。

◇企業は規模ごとにカテゴリーがある

国は、雇用主となる企業を規模などによって次のページのように4つのカテゴリーに分けています。大企業や公的機関が含まれる**カテゴリー1と2は信用度が高く**、審査にあたって提出する書類が大幅に免除されます（追加書類を提出する場合もあり）。審査期間の目安は2週間以内と迅速です。

一方、新規や小規模の企業、個人事業主が含まれる**カテゴリー3や4は信用度が低く**なります。審査のための提出書類が多く、かかる期間も**2週間〜1か月**、場合によっては**それ以上の期間**がかかることもよくあります。滞りなく審査が通るには、要点を押さえて提出書類を作成することがポイントになります。

企業の適正性・安定性・継続性を見る主なポイント

①事業に必要な許認可を取得しているか。違法・不法な行為をしていないか
②資本金
③売上高
④営業利益
⑤従業員数
⑥決算書の財務状況
⑦今後の事業の見通し
⑧外国人の採用実績、在留管理の適正性など

雇用主となる企業のカテゴリー

<table>
<tr><th></th><th>区分</th><th>カテゴリーに該当することを証明する文書</th><th>各種在留申請手続で企業が提出する書類</th></tr>
<tr><td>カテゴリー1</td><td>・日本の証券取引所の上場企業
・保険業を営む相互会社
・日本または外国の地方公共団体
・独立行政法人
・国内の国・地方公共団体の公益法人
・法人税法別表第1に掲げる公共法人
・イノベーション創出企業、ユースエール認定企業など、政府が認定する条件を満たす企業</td><td>・『会社四季報』の写し、税務署の受付印がある「給与所得の源泉徴収票等の法定調書の合計表」の写し、イノベーション企業であることを証明する文書など</td><td rowspan="2">＊ただし追加書類を要求されることがある。また、任意だが雇用理由書を提出することが望ましい。</td></tr>
<tr><td>カテゴリー2</td><td>・前年分の「給与所得の源泉徴収票等の法定調書の合計表」の源泉徴収税額が1000万円以上の企業・団体・個人
・在留申請オンラインシステムの利用申出の承認を受けている機関</td><td>・税務署の受付印がある「前年分の給与所得の源泉徴収票等の法定調書の合計表」の写し、在留申請オンラインシステムに利用申出の承認を受けていることを証明する文書など</td></tr>
<tr><td>カテゴリー3</td><td>・前年分の「給与所得の源泉徴収票等の法定調書の合計表」の源泉徴収税額が1000万円未満の企業・団体・個人</td><td>税務署の受付印がある「前年分の給与所得の源泉徴収票等の法定調書の合計表」の写し</td><td rowspan="2">雇用契約書、決算書、事業計画書、登記事項証明書など</td></tr>
<tr><td>カテゴリー4</td><td>・カテゴリー1・2・3に該当しない企業・団体・個人（新設会社や個人事業主など）</td><td>なし</td></tr>
</table>

3 就労ビザ手続③～適正な労働条件と雇用契約書

◇就業ビザ手続の必須書類の一つ・雇用契約書

外国人と企業側の就労ビザの取得要件を確認して、就労ビザが取得できそうであれば、次に雇用契約書（労働条件通知書）を作成しましょう。

雇用契約書は、就労ビザの各種申請手続において、**カテゴリー３・４の企業にとっては必須の提出書類**です。雇用契約書を外国人労働者と迅速に取り交わして、手続に必要な書類をそろえましょう。同じ職種につく日本人従業員と報酬は同等以上かなど、**適正な労働契約が結ばれているか**も審査対象となります。

また、雇入れ時に労働条件を明らかにすることは雇用主の義務です。少しでも早く労働条件を確定することで、外国人労働者は安心し、会社に信頼を寄せてくれるでしょう。

◇労働条件を明示する

法律上、企業は労働条件を書面で労働者に明示するだけでよいとされています。この形式が労働者の署名（サイン）や捺印のない労働条件通知書です。必ず書面で明示します。FAXやメールで送付することも可能です。

ただ、労働条件を外国人労働者に明示しただけでは、相手が労働条件に合意しているかどうかまではわかりません。もしかしたら、後で「労働条件に合意していない」と労働条件の変更を求められるかもしれません。

◇雇用契約書で労働者の合意を得るとよりよい

このような事態を防ぐためにも、労働条件について企業側・労働者側の合意にもとづいて書面を取り交わす雇用契約書という形式の書類を作ることをよりおすすめします。

ただし、雇用契約書の作成でも、形式だけ整えて肝心の中身は詰めきれず、結局労働条件が折り合わなかったというケースも残念ながらあります。次のページからの雇用契約書例のように、作成のチェックポイントを押さえることは重要ですが、**労働者との合意が何よりも大切**です。

なお、出入国在留管理局に提出するのは、労働条件通知書と雇用契約書のどちらの形式でもかまいません。

雇用契約書の取り交わし方

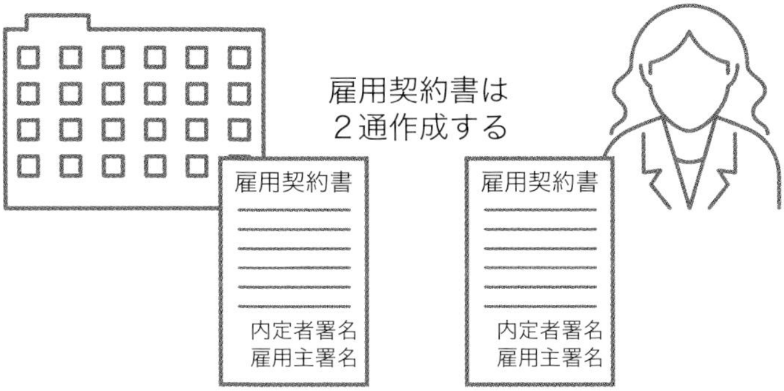

労働条件の通知はFAXやメールでも知らせることができるが、雇用契約書を取り交わす場合は会社と内定者双方のサインが必要。２通作成し、雇用主と内定者が署名して互いに１通ずつ保管する。自筆の署名であれば、捺印は必要ない。

◇英文や母国語を併記　口頭でも説明する

雇用契約書を作るときは、労働条件を理解してもらうために、わかりやすい日本語を使いましょう。外国人労働者が理解できる母国語や英語をなるべく併記したいものです。

疑問を解消してもらうために、契約を取り交わす前に労働条件についての質問タイムを設け、きちんと説明をして納得してもらうようにしましょう。また、交付から取り交わしまでに数日おくなど、外国人労働者が労働条件について十分に検討する時間を確保します。

雇用契約書の作成例

雇用契約書　兼労働条件通知書

(Employment contract and Notice of Working conditions)

ＡＢＣ株式会社（以下、甲という）とJohn Smith（ジョン　スミス）（以下、乙という）は以下の条件により雇用契約を締結する。

ＡＢＣ Inc (hereinafter referred to as “Company”) and John Smith (hereinafter referred to as “Employee”) conclude an employment contract under the following conditions.

I. 雇用契約期間

Period of employment contract

1．雇用契約期間

■ 期間定めなし　Non-fixed

①在留間があっても期間の定めのない契約締結ができます。

□ 期間の定めあり　Fixed period of employment contract

（　　年　月　日 ～　　年　月　日）　入国予定日　年　月　日

(From　Year　Month　Day　to　Year　Month　Day)　Scheduled date of entry into Japan　Year　Month　Day

2．契約の更新の有無

Renewal of contract

□ 契約の更新はしない　Contract will not be renewed

□ 原則として更新する　Contract will be renewed in principle

※ 会社の経営状況が著しく悪化した場合等には、契約を更新しない場合がある。

Contract may not be renewed if the business conditions of the Implementing Organization become worse significantly.

II. 就業の場所

Place of employment

本社：東京都渋谷区渋谷○-○-○　(○-○-○, Shibuya, Shibuya Ku, Tokyo To, 150-0002, Japan)

III. 従事すべき業務(職種及び作業)の内容

Contents of work to be engaged in (occupation and operations)

通訳業務　(Interpreter)

②就労ビザで職種が限定されている場合には、申請業務と異なる内容にならないよう記載します。

IV. 労働時間等

Work hours, etc.

1．始業・終業の時刻等

Opening and Closing times

(1) 始業　（ 9時　００　分）　終業　（ １８　時　００　分）　（１日の所定労働時間数　8時間　００　分）

Opening time (9:00)　Closing time (18:00)　Scheduled working hours per day: 8 hrs. 00 mins.

(2) 【次の制度が労働者に適用される場合】

【Applicable systems】

□ 変形労働時間制：(　　　)単位の変形労働時間制

Irregular working hour system: Irregular working hour system in (　　) units

□ 交代制として、次の勤務時間の組合せによる。

Shift System: Combination of the following working hours

始業　（　時　分)　終業　（　時　分)

Opening time (　:　)　Closing time　(　:　)

(適用日　　、１日の所定労働時間　　時間　分)

(Day applied: _____, Scheduled working hours per day: ___ hrs. ___mins.)

始業　（　時　分)　終業　（　時　分)

Opening time (　:　)　Closing time　(　:　)

(適用日　　、１日の所定労働時間　　時間　分)

(Day applied: _____, Scheduled working hours per day: ___ hrs. ___mins.)

2．休憩時間　（ ６０)分
Work break: (６０) mins.
3．所定時間外労働の有無　■ 有　□ 無
Presence of Overtime Work ■ Yes □ No

V. 休日 Holidays
・定例日：毎週 土曜日、日曜日、 日本の国民の祝日、 その他( )
Regular days off: Every week Saturday, Sunday , Japan`s National Holidays, others ( ) (Total number of days off per annum: days)
・非定例日：週・月当たり 日、 その他( )
Additional days off: ___ days per week/month, others ( ).

VI. 休暇 Vacation
1．年次有給休暇　６か月継続勤務した場合→　１０日
Annual paid leave: Those working continuously for 6 months or more → 10 days
継続勤務６か月未満の年次有給休暇　(□ 有 □ 無)
Those working continuously less than 6 months (Yes No)
→ か月経過で 日
→ After the period of _____ months → ____ days
2．その他の休暇　有給( )　無給 ( )
Other leaves : Paid ( ) Unpaid ( ).

VII. 賃金
1．基本賃金　■ 月給（ ２５０，０００ 円)　□ 日給（ 円)　□ 時間給（ 円)
Basic Pay Monthly Wage(250,000 yen) Daily Wage (yen) Hourly Wage(yen)
※月給・日給の場合の１時間当たりの金額（ 円)
2．諸手当（時間外労働の割増賃金は除く）
Allowances (excluding additional pay for overtime work)
(a) （ 手当 月 円／計算方法：)
Allowance Yen per month / Calculation Method:
(b) （ 手当 月 円／計算方法：)
Allowance Yen per month / Calculation Method:
3．１か月当たりの支払い概算額（１＋２）　約（ ２５０，０００ 円)（合計)
Estimated monthly payment (1 + 2) Approx. 250,000 Yen (total)
4．労使協定に基づき賃金支払時に控除する項目　■ 無　□ 有
Items to be deducted from wages in accordance with labor-management agreement ■ No □ Yes
(a) 税 金　(約 ５，１３０ 円)
Tax: (Approx. 5,130 Yen)
(b) 社会保険料・労働保険料等 各種保険料　(約 ４０，１８８ 円)
Social insurance premium, labor insurance premium, and other insurance premiums (Approx. 40,188 Yen)
(c)その他（ ）（適宜欄を追加し、内訳及び内訳ごとの金額を明らかにすること）(約 円)
Others ( ) (Add fields if necessary and show a breakdown with additional items and amounts of each breakdown.)
(Approx. Yen)
5．手取り支給額（３－４）　約（ ２０４，６８２ 円)（合計)
Payment in net amount Approx. (204,682 Yen) (Total)
※欠勤等がない場合であって、時間外労働の割増賃金等は除く。
Without absence or the like, excluding additional payment for overtime work.

③外国人には社会保険料などの控除に関する理解が難しいもの。手取り支給額まで記載するとていねいです。

④発生する残業代について説明します。

6．所定時間外、休日又は深夜労働に対して支払われる割増賃金率

Additional pay rate for overtime, holiday work or night work

(a) 所定時間外　法定超月60時間以内　（ 25 ）%、法定超月60時間超　（ 50 ）%

Overtime work: Legal overtime time within 60 working hours (25) %, Legal overtime work exceeding 60 working hrs. (50) %

(b) 休日　法定休日　（ ３５ ）%、　法定外休日　（ ２５ ）%

Holiday work　Legal Holiday Work　(35)　%　Non-legal Holiday Work　(25)　%

(c) 深夜　(25)%

Night Work　(25) %

7．賃金締切日　■ 毎月　末　日、　☐ 毎月　日

Closing day of payroll: ( ) ___th day of every month, ( ) ___the day of every month

8．賃金支払日　■ 毎月　２５　日、　☐ 毎月　日

Pay day: ( ) ___th day of every month, ( ) ___th day of every month

9．賃金支払方法　☐ 通貨払（現実に支払われた額を確認することができる方法による）　■ 口座振込み

Method of wage payment Cash (by a method with which one can check the amount actually paid)　Bank Transfer

10．昇給　☐ 有（昇給時期、昇給の考え方　）、☐ 無

Wage raise:　Yes (Time and policy of wage raise　),　No

11．賞与　☐ 有（支給時期、賞与額の考え方　）、☐ 無

Bonus:　Yes (Time of payment and policy of the amount of bonus　),　No

12．退職金　☐ 有（支給時期、退職金の考え方

Resignation benefit: Yes (Time of payment and policy of resignation benefit

⑤突然の帰国退社にならないように、退職の申出期日を明確に記載して説明します。

VIII．退職に関する事項 Matters concerning resignation

1．自己都合退職の手続(退職する　３０　日前に社長・工場長等に届けること)

Procedure for resignation benefit for personal reasons (Notify president, plant manager, or other superior at least 30 days in advance.)

2．解雇の事由及び手続 Reasons and procedure for dismissal:

解雇は、やむを得ない事由がある場合に限り少なくとも30日前に予告をするか、又は30日分以上の平均賃金を支払って解雇する。

Dismissal shall be given at least 30 days in advance or paid an average wage of 30 days or more only if there is an unavoidable reason.

IX．その他 Others

・社会保険・労働保険の加入状況（■ 厚生年金、☐ 国民年金、■ 健康保険、☐ 国民健康保険、■ 雇用保険、■ 労災保険、☐ その他（　））

Participation status for social insurance/labor insurance (■ Employees pension, ☐National pension, ■ Health insurance, ☐National health insurance, ■ Employment insurance, ■ Workers' accident compensation insurance, ☐Other: (　))

○詳細は、就業規則による

See Articles of the Rules of Employment for details.

20△△年　○○月　××日　締結

Year　Month　Day

ＡＢＣ株式会社

甲　代表取締役　○○　□□　㊞

Company

（会社名・代表者役職名・氏名・捺印）

(Name of Company, Name and Title of Representative, Seal)

乙　John Smith

Employee

（受け取り人の署名）

(Signature of Employee)

⑥加入する保険について記載します。
労災保険と健康保険の違いは外国人には難しいもの。異なる保険に加入していることを説明します。

留学生を新卒で雇い入れるときの流れ

**必要書類をそろえて
就労ビザ取得の見通しを確認する**

- 3月卒業者の場合は、前年の12月1日より申請受付が開始される場合が多い。

↓

雇用契約を結ぶ

↓

**在留資格変更許可申請手続
（就労ビザの申請手続）**

- 内定者である留学生本人が申請する（本人の依頼を受けて、会社が代理で提出することもできる）。
- 留学生の住所を管轄する出入国在留管理局へ申請する。

※提出書類：卒業見込証明書

↓

**（許可された場合）
在留資格変更申請許可の内定を
通知するハガキを受け取る**

許可されない場合は
P114を参照

↓

**卒業後に、出入国在留管理局で変更手続を行う。
その日に在留資格が変更され、
新しい在留カードが交付される。**

提出書類：卒業証書（原本）または卒業証明書（原本）
通知ハガキ、パスポート、在留カード

7 日本にいる外国人を採用する③ 〜転職組の中途採用

◇国内の中途採用は前の職種と就労予定の職種を見る

就労ビザで働いている（働いていた）外国人を中途採用する場合、転職前と違う職種か、同じ職種かで雇入れ時の手続のパターンが変わってきます。流れは次のページの図を参照してください。

なお、転職後14日以内に、就労先が変わったことを知らせる**所属（契約）機関に関する届出**を、外国人本人が出入国在留管理局に提出することが必要です。届出はインターネットで行うことができます。

◇異なる職種の場合変更手続が必要

現在持っている在留資格の就労範囲内に収まらない職種で採用する場合、入社後に予定する職種で働けるように在留資格を変更しなければなりません。

例えば、小学校の英語教師が英会話学校の教師に転職する場合を考えてみましょう。小学校の英語教師の在留資格は「教育」で、英会話学校の教師の在留資格は「技術・人文知識・国際業務」です。したがって、「教育」から「技術・人文知識・国際業務」への在留資格変更許可を申請して、変更が認められれば予定の職種で採用できます。

まずは、予定する就労ビザが取得できるかどうかの見通しを立てるなど、在留資格変更許可申請の手続（➡P112）に沿っていきましょう。

◇同じ職種の転職でも在留資格の変更が必要なとき

前職と就労予定の職種が一致している場合、在留資格の変更は必要ありません。

ただし、就労ビザの中でも「高度専門職１号」と「特定活動」では、職種が一致していても就労先が変わるたびに改めて就労ビザの変更手続をしなければなりません（➡P112)。どちらの在留資格も「どこ（就労先）でどんな業務に就くか」という指定書に基づいて業務の範囲が決まります。就労先が変われば、新しい就労先で指定書を作成し直さなければならないためです。

在留資格「企業内転勤」で働く外国人が、国内で同じ職種で転職する場合も在留資格の変更が必要になります。通常は、在留資格「技術・人文・国際」への変更になります。

◇同じ職種への転職では残りの在留期間を見る

同じ職種への転職では、在留期間の更新許可手続が必要になることがあります。残りの在留期間を必ず確認してください。目安は6か月です。

在留期間の残りが6か月を切っている場合で、期間満了日以降も雇用する予定であれば、P119で紹介する在留期間の更新手続をしてください。本人や会社の要件によっては、在留期間の更新が許可されないこともあります。

転職者の手続

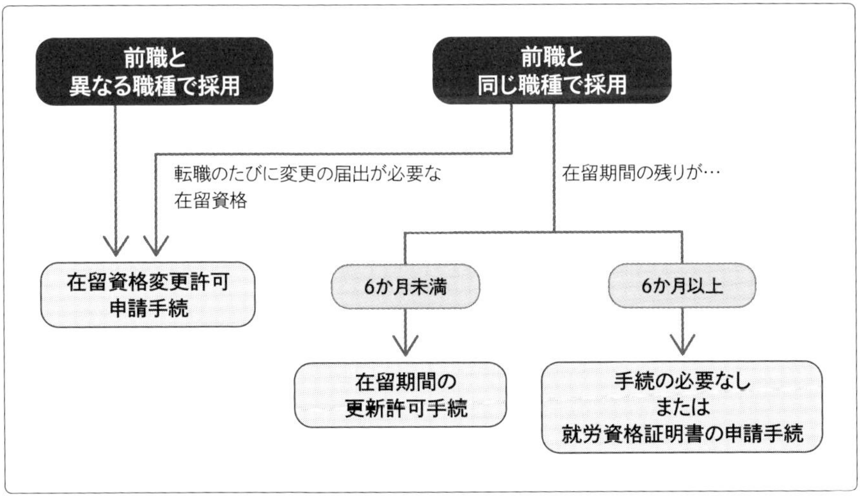

コラム 在留期間の残りが6か月以上ある場合就労資格証明書を発行してもらう

在留期間が残っている場合は、同じ職種への転職では何の手続も必要ありません。ただ、念のため就労資格証明書（次ページ）を取得してもらうとよいでしょう。というのも、会社や本人は問題なく就労できると思っていても、出入国在留管理局の判断基準では「アウト」というケースがあるからです。

外国人本人または代理人となる会社が、就労ビザ申請時と同様の書類を提出して審査を受け、「就労して問題ない」と出入国在留管理局が確認して発行するのが就労資格証明書です。この発行があれば、安心して外国人を雇い入れることができます。就労資格証明書の申請目安は、在留期間の残りが6か月以上ある場合です。6か月未満であれば、在留期間更新手続の準備をしましょう。

就労資格証明書交付申請書　記載例

別記第二十九号の五様式（第十九条の四関係）

日本国政府法務省
Ministry of Justice, Government of Japan

就労資格証明書交付申請書
APPLICATION FOR CERTIFICATE OF AUTHORIZED EMPLOYMENT

To the Director General of the　東京　出入国在留管理局長　殿
Regional Immigration Services B

出入国管理及び難民認定法第19条の2第1項の規定に基づき，
Pursuant to the provisions of Paragraph 1 of Article 19-2 of the Immigration Control
authorized employment.

①漢字の名前がある場合は、漢字とアルファベットを必ず併記します。

1 国籍・地域 Nationality / Region　中国
2 生年月日 Date of birth　1980 年 Year　12 月 Month　2 日 Day
3 氏名 Name　張 佳霖（ZHANG KARIN）
4 性別 Sex　男・女（女に○） Male/Female
5 住居地 Address in Japan　東京都豊島区池袋○-○-○
電話番号 Telephone No.　03－XXXX－XXXXX
携帯電話番号 Cellular Phone No.　090－XXXX－XXXXX
6 旅券 Passport　(1)番号 Number　GXXXXXXXX
(2)有効期限 Date of expiration　2024 年 Year　12 月 Month　23 日 Day
7 在留の資格 Status of residence　技術・人文知識・国際業務
在留期間 Period of stay　3年
在留期間の満了日 Date of expiration　2021 年 Year　2 月 Month　8 日 Day
8 在留カード番号／特別永住者証明書番号 Residence card number / Special Permanent Resident Certificate number　AB12345678CD
9 証明を希望する活動の内容 Desired activity to be certified
ABC株式会社にてシステムエンジニアの業務に従事する

②業務の詳細を記載する場合には、「別紙参照」として雇用理由書を添付します。

10 就労する期間 Period of work
from 2020 年 Year　4 月 Month　1 日 Day　から to　期間の定めなし 年 Year　月 Month　日まで Day
11 使用目的 Purpose of use　転職先に提出するため

③雇用契約書の雇用期間を記載します。在留期間の残りの期限ではありません。

12 法定代理人（法定代理人による申請の場合に記入） Legal representative (in case of legal repr
(1)氏名 Name
(2)本人との関係 Relationship with the applicant
(3)住所 Address
電話番号 Telephone No.
携帯電話番号 Cellular phone No.

以上の記載内容は事実と相違ありません。 I hereby declare that the statement given above is true and correct.
申請人（法定代理人）の署名／申請書作成年月日 Signature of the applicant (legal representative) / Date of filling in this form
張 佳霖　20×× 年 Year　△△ 月 Month　○○ 日 Day

注意 申請書作成後申請までに記載内容に変更が生じた場合，申請人（法定代理人）が変更箇所を訂正し，署名すること。
Attention In cases where descriptions have changed after filling in this application form up until submission of this application, the applicant (legal representative) must correct the part concerned and sign their name.

※ 取次者 Agent or other authorized person
(1)氏名 Name
(2)住所 Address
(3)所属機関等 Organization to which the agent belongs
電話番号 Telephone No.

8 採用時の就労ビザの手続～在留資格変更許可申請

◇雇入れ時の在留資格変更許可申請手続のポイント

●申請をするケース

雇い入れ時に就労ビザの在留資格変更許可申請をするケースはいくつかあります。国内の留学生の新卒採用で在留資格を「留学」から就労ビザに変更する、中途採用した外国人を前の職場とは異なる就労ビザの範囲で採用するといったケースです。他に、「高度専門職１号」と「特定活動」のように、同じ在留資格でも勤務先が変わるたびに変更許可申請をしなければならない場合もあります。

●提出する書類

３章の１～４項で説明したように、就労ビザを取得するには、外国人労働者と企業の双方に要件があり、それらを証明するために提出する書類があります。提出書類は、就労ビザ手続のページで確認してください。

●申請者は本人　会社が代理で申請できる

申請は、原則として外国人本人が行います。すでに外国人本人を雇用している場合は、本人の依頼を受けて会社が代理人として書類を提出することもできます。申請先は本人の住所地を管轄する出入国在留管理局です。

外国人本人に任せきりにするのは遅延の原因になります。会社がそろえる書類もあります。企業側も行政書士などの専門家と一緒に提出書類をチェックする、スケジュール調整をするなどのサポートを行いましょう。

●期間

申請書類を提出してから、**許可・不許可が下りるまでの期間はは２週間から１か月**です。しかし、会社のカテゴリーなどによって処理期間が異なり、不備があれば追加の書類提出を求められ、審査期間が延びることがあります。不許可となり再申請する可能性も出てくるので、余裕を持って提出します。

在留資格変更許可申請の流れ

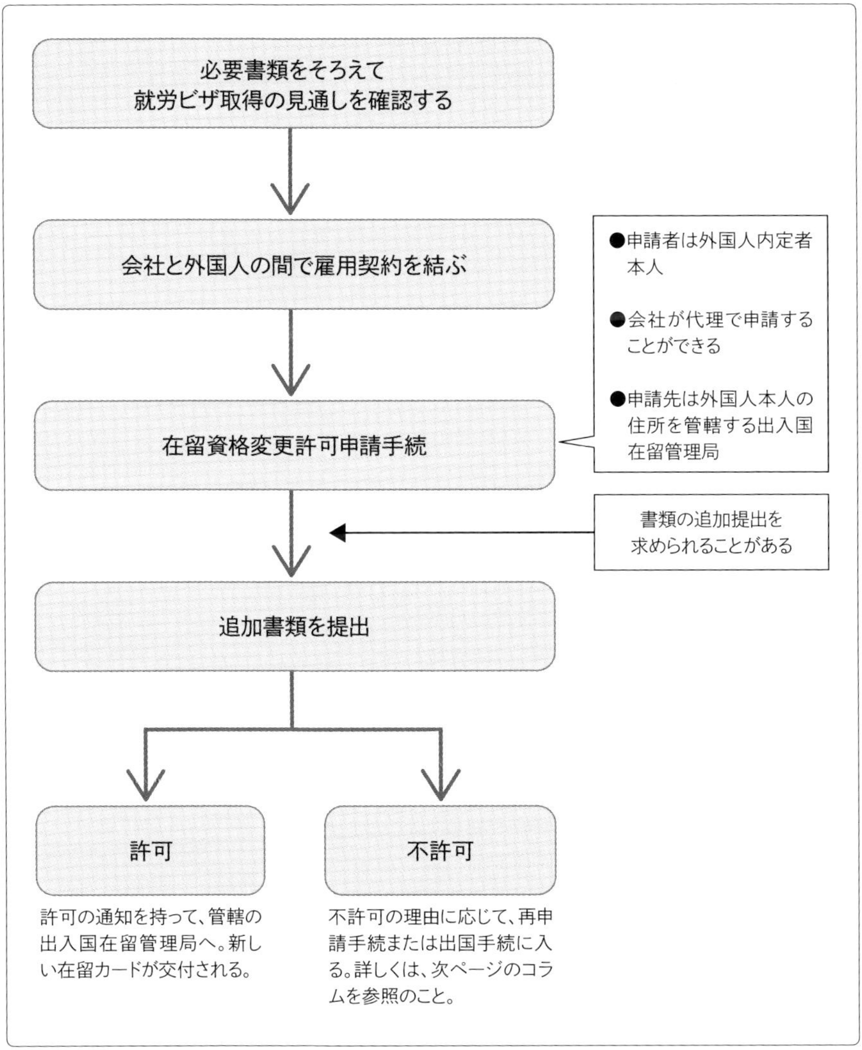

コラム　在留資格変更申請が不許可になったら

資格外活動のオーバーワークが発覚したなどで、審査の結果、在留資格変更申請が不許可になると、どうすればいいのでしょうか。

申請の結果は、ハガキか封書で送られてきます。ハガキで来るのは許可がおりた場合です。許可が下りたので、いつまでに出入国在留管理局に出向いて手続をしてください、という旨が書かれています。

一方、不許可になった場合は、不許可通知が封書で送られてきます。中には、不許可の理由と、決められた期日までに出入国在留管理局に出向いて出国準備をしてください、という旨が書かれています。

再申請をしたいなら、出向いたときにくわしい理由を聞きましょう。理由を聞いて、適切に改善できるようなら再申請の準備に入ります。出国準備中の在留資格は「特定活動」となり、国内に滞在する期間として在留期間の満了日から１か月が猶予期間として与えられます。この間に、再申請をしなければなりません。

再申請ができそうにない場合は、特定活動の在留期間中に出国します。日本に再来日したい場合は、いったん帰国してから再来日する方法を考えることになります。

在留資格変更許可申請書　記載例

①提出の日前３ヵ月以内に撮影します。無帽で正面を向き、無背景で鮮明なものを用意します。

別記第三十号様式（第二十条関係）
申請人等作成用 1
For applicant, part 1

日本国政府法務省
Ministry of Justice,Government of Japan

在　留　資　格　変　更　許　可　申　請　書
APPLICATION FOR CHANGE OF STATUS OF RESIDENCE

写 真
Photo
40mm × 30mm

法　務　大　臣　殿
To the Minister of Justice

出入国管理及び難民認定法第20条第
Pursuant to the provisions of Paragraph 2 of Art
I hereby apply for a change of status of residenc

②漢字の名前がある場合は、漢字とアルファベットを必ず併記します。

1 国　籍・地　域 Nationality/Region：中国
2 生年月日 Date of birth：1997 年 Year 6 月 Month 11 日 Day
3 氏　名 Name：陳　策（CHAN CE）
Family name →

③国名および州（省）まで記載します。

4 性　別 Sex：(男)・女 Male/Female
5 出生地 Place of birth：中国遼寧省
6 配偶者の有無 Marital status：有・(無) Married / Single
7 職　業 Occupation：大学生
8 本国における居住地 Home town/city：中国遼寧省
9 住居地 Address in Japan：東京都中野区中野○-○-○
電話番号 Telephone No.：03－XXXX－XXXX
携帯電話番号 Cellular phone No.：090－XXXX－XXXX
10 旅券 Passport　(1)番　号 Number：GXXXXXXX
(2)有効期限 Date of expiration：2023 年 Year 12 月 Month 31 日 Day
11 現に有する在留資格 Status of residence：留学
在留期間 Period of stay：2年4カ月
在留期間の満了日 Date of expiration：2020 年 Year 6 月 Month 30 日 Day
12 在留カード番号 Residence card number：AB12345678CD
13 希望する在留資格 Desired status of residence：技術・人文知識・国際業務
在留期間 Period of stay：5年
（審査の結果
(It may not be

④希望する雇用期間を記載。期間の定めがない場合は在留資格ごとに決められている最長期間を記載。（技術・人文知識・国際業務は５年）

14 変更の理由 Reason for change of status of residence：ABC株式会社に就職が決まったため
15 犯罪を理由とする処分を受けたことの有無（日本国外におけるものを含む。） Criminal record (in Japan / overseas)
有（具体的内容　　　）・(無)
Yes (Detail:　　　) / No
16 在日親族（父・母・配偶者・子・兄弟姉妹など）及び同居者
Family in Japan(Father, Mother, Spouse, Son, Daughter, Brother, Sister or others) or co-residents
(有)（「有」の場合は，以下の欄に在日親族及び同居者を記入してください。）・無
Yes (If yes, please fill in your family members in Japan and co-residents in the following columns) / No

続柄 Relationship	氏名 Name	生年月日 Date of birth	国籍・地域 Nationality/Region	同居の有無 Residing with applicant or not	勤務先名称・通学先名称 Place of employment/ school	在留カード番号 特別永住者証明書番号 Residence card number Special Permanent Resident Certificate number
姉	張　佳霖	1980/12/2	中国	有・(無) Yes / No	DEF株式会社	GH1234567IJ
				有・無 Yes / No		
				有・無 Yes / No		
				有・無 Yes / No		
				有・無 Yes / No		
				有・無 Yes / No		

※ 3について，有効な旅券を所持する場合は，旅券の身分事項ページのとおりに記載してください。
Regarding item 3, if you possess your valid passport, please fill in your name as shown in the passport.
16については，記載欄が不足する場合は別紙に記入して添付すること。なお,「研修」,「技能実習」に係る申請の場合は，「在日親族」のみ記載してください。
Regarding item 16, if there is not enough space in the given columns to write in all of your family in Japan, fill in and attach a separate sheet.
In addition, take note that you are only required to fill in your family members in Japan for applications pertaining to "Trainee" or "Technical Intern Training".

（注）裏面参照の上，申請に必要な書類を作成して下さい。 Note : Please fill in forms required for application. (See notes on reverse side.)

⑤申請人の学歴・職歴情報を記載します。

申請人等作成用２　N（「高度専門職（1号イ・ロ）」・「高度専門職（2号）」（変更申請の場合のみ）・「研究」・「技術・人文知識・国際業務」・「介護」・「技能」・「特定活動（研究活動等），(本邦大学卒業者）」）
For applicant, part 2 N ("Highly Skilled Professional(i)(a/b)" / "Highly Skilled Professional(ii)" (only in cases of change of status) / "Researcher" / "Engineer / Specialist in Humanities / International Services" / "Nursing Care" / "Skilled Labor"/ "Designated Activities(Researcher or IT engineer of a designated organization), (Graduate from a university in Japan)")

在留期間更新・在留資格変更用
For extension or change of status

17 勤務先　Place of employment
※ (2)及び(3)については，主たる勤務場所の所在地及び電話番号を記載すること。
For sub-items (2) and (3), give the address and telephone number of your principal place of employment.

(1)名称 Name　ABC株式会社　　支店・事業所名 Name of branch　東京本社

(2)所在地 Address　東京都渋谷区渋谷〇－〇－〇　　(3)電話番号 Telephone No.　03－XXXX－XXXX

18 最終学歴（介護業務従事者の場合は本邦の介護福祉士養成施設について記入）
Education (if you engage in activities of nursing care or teaching nursing care, fill in details about the certified care worker training facility in Japan)

☐ 大学院（博士） Doctor　☐ 大学院（修士） Master　■ 大学 Bachelor　☐ 短期大学 Junior college　☐ 専門学校 College of technology

☐ 高等学校 Senior high school　☐ 中学校 Junior high school　☐ その他（　　　） Others

(1)学校名 Name of school　UNIVERSITY OF XXXXX　　(2)卒業年月日 Date of graduation　2021 年 Year　3 月 Month　16 日 Day

19 専攻・専門分野　Major field of study
(18で大学院(博士)～短期大学の場合) (Check one of the followings when the answer to the question 18 is from doctor to junior college)

☐ 法学 Law　■ 経済学 Economics　☐ 政治学 Politics　☐ 商学 Commercial science　☐ 経営学 Business administration　☐ 文学 Literature

☐ 語学 Linguistics　☐ 社会学 Sociology　☐ 歴史学 History　☐ 心理学 Psychology　☐ 教育学 Education　☐ 芸術学 Science of art

☐ その他人文・社会科学（　　　） Others(cultural / social science)　☐ 理学 Science　☐ 化学 Chemistry　☐ 工学 Engineering

☐ 農学 Agriculture　☐ 水産学 Fisheries　☐ 薬学 Pharmacy　☐ 医学 Medicine　☐ 歯学 Dentistry

☐ その他自然科学（　　　） Others(natural science)　☐ 体育学 Sports science　☐ 介護福祉 Nursing care and welfare　☐ その他（　　　） Others

(18で専門学校の場合)

☐ 工業 Engineering　☐ 農業 Agriculture　☐ 医療・衛生 Medical services / Hygienics　☐ 教育・社会福祉 Education / Social welfare　☐ 法律 Law

☐ 商業実務 Practical commercial business　☐ 服飾・家政 Dress design / Home economics　☐ 文化・教養 Culture / Education　☐ 介護福祉 Nursing care and welfare　☐ その他（　　　） Others

20 情報処理技術者資格又は試験合格の有無（情報処理業務従事者のみ記入）　有・無
Does the applicant have any qualifications for information processing or has he / she passed the certifying examination? (when the applicant is engaged in information processing)　Yes / No

(資格名又は試験名)
(Name of the qualification or certifying examination)

21 職 歴　Employment history

入社 Date of joining the company 年 Year	入社 月 Month	退社 Date of leaving the company 年 Year	退社 月 Month	勤務先名称 Place of employment	入社 Date of joining the company 年 Year	入社 月 Month	退社 Date of leaving the company 年 Year	退社 月 Month	勤務先名称 Place of employment
				なし					

22 代理人（法定代理人による申請の場合に記入）　Legal representative (in case of legal representative)

(1)氏 名 Name　　(2)本人との関係 Relationship with the applicant

(3)住 所 Address

電話番号 Telephone No.　　携帯電話番号 Cellular Phone No.

以上の記載内容は事実と相違ありません。
I hereby declare that the statement given above is true and correct.

申請人（法定代理人）の署名／申請書作成年月日
Signature of the applicant (representative) / Date of filling in this form

陳 策　　20××年 Year　△△月 Month　〇〇日 Day

注意 Attention
申請書作成後申請までに記載内容に変更が生じた場合，申請人（法定代理人）が変更箇所を訂正し，署名すること。
In cases where descriptions have changed after filling in this application form up until submission of this application, the applicant (representative) must correct the part concerned and sign their name.

※ 取次者
Agent or other authorized person

(1)氏 名 Name　　(2)住 所 Address

(3)所属機関等（親族等については，本人との関係） Organization to which the agent belongs(in case of a relative, relationship with the applicant)　　電話番号 Telephone No.

⑥勤務先の情報を記載します。

所属機関等作成用1　N（「高度専門職（1号イ・ロ）」・「高度専門職（2号）」（変更申請の場合のみ）・「研究」・「技術・人文知識・国際業務」・「介護」・「技能」・「特定活動（研究活動等），（本邦大学卒業者）」）
For organization, part 1 N ("Highly Skilled Professional(i)(a/b)" / "Highly Skilled Professional(ii)" (only in cases of change of status) / "Researcher" / "Engineer / Specialist in Humanities / International Services" / "Nursing Care" / "Skilled Labor"/ "Designated Activities(Researcher or IT engineer of a designated organization), (Graduate from a university in Japan)")

在留期間更新・在留資格変更用
For extension or change of status

1 契約又は招へいしている外国人の氏名及び在留カード番号
Name and residence card of foreign national being offered a contract or invitation

(1)氏 名 Name　陳 策
(2)在留カード番号 Residence card number　AB12345678CD

2 契約の形態 Type of contract

■ 雇用 Employment　□ 委任 Entrustment　□ 請負 Service contract　□ その他（　　　） Others

3 勤務先 Place of employment

※(5), (8)及び(9)については，主たる勤務場所について記載すること。
For sub-items (5), (8) and (9) give the address and telephone number of employees of your principal place of employment.
※国・地方公共団体，独立行政法人，公益財団・社団法人その他非営利法人の場合は(6)及び(7)の記載は不要。
In cases of a national or local government, incorporated administrative agency, public interest incorporated association or foundation or some other nonprofit corporation, you are not required to fill in sub-items (6) and (7).

(1)名称 Name　ABC株式会社

(2)法人番号（13桁） Corporation no. (combination of 13 numbers and letters)

1	2	3	4	5	6	7	8	9	0	1	2	3

(2)支店・事業所名 Name of branch　東京本社

(4)事業内容 Type of business
○主たる事業内容を以下から選択して番号を記入（1つのみ）
Select the main business type from below and write the corresponding number (select only one)　21
○他に事業内容があれば以下から選択して番号を記入（複数選択可）
If there are other business types, select from below and write the corresponding number (multiple answers possible)

製造業 Manufacturing【①食料品 Food products　②繊維工業 Textile industry　③プラスチック製品 Plastic products　④金属製品 Metal products
⑤生産用機械器具 Industrial machinery and equipment　⑥電気機械器具 Electrical machinery and equipment　⑦輸送用機械器具 Transportationmachinery and equipment　⑧その他（　　　） Others】

卸売業 Wholesale【⑨各種商品（総合商社等） Various products (general trading company, etc.)　⑩繊維・衣服等 Textile, clothing, etc.　⑪飲食料品 Food and beverages
⑫建築材料，鉱物・金属材料等 Building materials, mineral and metal materials etc.　⑬機械器具 Machinery and equipment　⑭その他（　　　） Others】

小売業 Retail【⑮各種商品 Various products　⑯織物・衣服・身の回り品 Fabric, clothing, personal belongings
⑰飲食料品（コンビニエンスストア等） Food and beverages (convenience store, etc.)　⑱機械器具小売業 Machinery and equipment retailing　⑲その他（　　　） Others】

学術研究，専門・技術サービス業 Academic research, specialized / technical services
【⑳学術・開発研究機関 Academic research, specialized / technical service industry　㉑専門サービス業（他に分類されないもの） Specialized service industry (not categorized elsewhere)
㉒広告業 Advertising industry　㉓技術サービス業（他に分類されないもの） Technical service industry (not categorized elsewhere)】

医療・福祉業 Medical / welfare services【㉔医療業 Medical industry　㉕保健衛生 Health and hygiene　㉖社会保険・社会福祉・介護事業 Social insurance / social welfare / nursing care】

㉗農林業 Agriculture　㉘漁業 Fishery　㉙鉱業，採石業，砂利採取業 Mining, quarrying, gravel extraction　㉚建設業 Construction　㉛電気・ガス・熱供給・水道業 Electricity, gas, heat supply, water supply
㉜情報通信業 Information and communication industry　㉝運輸・信書便事業 Transportation and correspondence　㉞金融・保険業 Finance / insurance　㉟不動産・物品賃貸業 Real estate / rental goods
㊱宿泊業 Accommodation　㊲飲食サービス業 Food and beverage service industry　㊳生活関連サービス（理容・美容等）・娯楽業 Lifestyle-related services (barber / beauty, etc.) / entertainment industry
㊴学校教育 School education　㊵その他の教育，学習支援業 Other education, learning support industry　㊶職業紹介・労働者派遣業 Employment placement / worker dispatch industry
㊷複合サービス事業（郵便局，農林水産業協同組合，事業協同組合（他に分類されないもの））
Combined services (post office, agriculture, forestry and fisheries cooperative association, business cooperative (not categorized elsewhere))
㊸その他の事業サービス業（速記・ワープロ入力・複写業，建物サービス業，警備業等）
Other business services (shorthand / word processing / copying, building services, security business, etc.)
㊹その他のサービス業（　　　） Other service industries　㊺宗教 Religion　㊻公務（他に分類されないもの） Public service (not categorized elsewhere)
㊼分類不能の産業（　　　） Unclassifiable industry

(5)所在地 Address　東京都渋谷区渋谷〇－〇－〇　電話番号 Telephone No.　03－XXXX－XXXX

(6)資本金 Capital　500万 円 Yen　(7)年間売上高（直近年度） Annual sales (latest year)　約1億5千万 円 Yen

所属機関等作成用２　N（「高度専門職（1号イ・ロ）」・「高度専門職（2号）」（変更申請の場合のみ）・「研究」・「技術・人文知識・国際業務」・「介護」・「技能」・「特定活動（研究活動等）,（本邦大学卒業者）」）
For organization, part 2 N("Highly Skilled Professional(i)(a/b)" / "Highly Skilled Professional(ii)" (only in cases of change of status) / "Researcher" / "Engineer / Specialist in Humanities / International Services" / "Nursing Care" / "Skilled Labor"/ "Designated Activities(Researcher or IT engineer of a designated organization), (Graduate from a university in Japan)")

在留期間更新・在留資格変更用
For extension or change of status

(8)従業員数 Number of employees　30　名　(9)外国人職員数 Number of foreign employees　3　名

4 就労予定期間 Period of work　期間の定めなし

5 給与・報酬（税引き前の支払額） Salary/Reward (amount of payment before taxes)　250,000　円 Yen（□ 年額 Annual　■ 月額 Monthly）

6 実務経験年数 Business experience　なし　年　7 職務上の地位（役職名） Position(Title)　□ あり（　　　） Yes　■ なし No

8 職務内容　Type of work

○主たる職務内容を以下から選択して番号を記入（1つのみ）　35
Select the main type of work from below, and fill in the number (select only one)

○「技術・人文知識・国際業務」「高度専門職」又は「特定活動」での在留を希望する場合で，他に職務内容があれば以下から選択して番号を記入（複数選択可）
If the applicant wishes to reside in Japan with the status of residence of "Engineer / Specialist in Humanities / International Services", "Highly Skilled Professional" or "Designated Activities", and will also engage in other types of work, select from below and write the corresponding number (multiple answers possible)

(1)「研究」での在留を希望する場合
Fill in this section if the applicant wishes to reside in Japan with the status of residence of "Researcher"
①調査研究 Research

(2)「技術・人文知識・国際業務」での在留を希望する場合
Fill in this section if the applicant wishes to reside in Japan with the status of residence of "Engineer / Specialist in Humanities / International Services"
技術開発 Technology development【②農林水産分野 Agriculture, forestry, and fisheries field　③食品分野 Food products field　④機械器具分野 Machinery and equipment field　⑤その他製造分野（　　　） Other manufacturing field】
生産管理 Production management【⑥食品分野 Food products field　⑦機械器具分野 Machinery and equipment field　⑧その他製造分野（　　　） Other manufacturing field】
⑨管理業務（経営者を除く） Management work (excluding executives)　⑩調査研究 Research　⑪情報処理・通信技術 Information processing, communications technology　⑫CADオペレーション CAD operation
⑬翻訳・通訳 Translation / Interpretation　⑭海外取引業務 Overseas trading business　⑮コピーライティング Copywriting　⑯報道 Journalism　⑰編集 Editing
⑱デザイン Design　⑲企画事務（マーケティング，リサーチ） Planning administration work (marketing, research)　⑳企画事務（広報・宣伝） Planning administration work (public relations, advertising)
㉑法人営業 Corporate sales　㉒金融・保険 Finance / insurance　㉓建築・土木・測量技術 Architecture, civil engineering, surveying techniques
㉔教育（教育機関以外） Education(other than educational institutions)　㉕法律関係業務 Legal business　㉖会計事務 Accounting business　㉗その他（　　　） Others

(3)「技能」での在留を希望する場合
Fill in this section if the applicant wishes to reside in Japan with the status of residence of "Skilled Labor"
㉘調理 Cooking　㉙外国特有の建築技術 Foreign country-specific construction technology　㉚外国特有の製品製造 Foreign country-specific product manufacturing
㉛宝石・貴金属・毛皮加工 Jewels, precious metal, fur processing　㉜動物の調教 Animal training　㉝石油・地熱等掘削調査 Drilling survey for oil, geothermal energy, etc.
㉞パイロット Pilot　㉟スポーツ指導 Sports instruction　㊱ソムリエ Sommelier

(4)「介護」での在留を希望する場合
Fill in this section if the applicant wishes to reside in Japan with the status of residence of "Nursing care"
㊲介護福祉士 Certified care worker

(5)「高度専門職」での在留を希望する場合は，上記(1)から(4)のいずれかを主たる職務内容として選択した上で，当該活動と併せて当該活動と関連する事業を自ら経営する活動を行う場合のみ以下を選択
If the applicant wishes to reside in Japan with the status of residence of "Intra-company transferee", "Journalist" or "Highly Skilled Professional", select from (1) to (4) above as the main occupation,and only select from below if the applicant will, together with these activities, be engaging in other activities to personally operate a business related to such activities.
㊳経営（高度専門職） Executive(Highly Skilled Professional)

(6)「特定活動」（特定研究等活動（告示36号）及び特定情報処理活動（告示37号））での在留を希望する場合
Fill in this section if the applicant wishes to reside in Japan with the status of residence of "Designated Activities" (Designated Academic Research Activities (Public Notice No. 36) or Designated Information Processing Activities (Public Notice No. 37)).
㊴情報処理・通信技術者 Information processing, communications technician　㊵研究 Research　㊶研究の指導 Research guidance　㊷教育（大学等） Education(university,etc.)

(7)「特定活動」（本邦大学卒業者）での在留を希望する場合
Fill in this section if the applicant wishes to reside in Japan with the status of residence of "Designated Activities"(Graduated from a univrsity)
※(2)の「技術・人文知識・国際業務」の中からも選択可能
※Selectable from abovementioned (2) "Engineer / Specialist in Humanities / International Services"
㊸接客（販売店） Service(stores)　㊹接客（飲食店） Service(restaurants)　㊺接客（その他（　　　）） Service(others)　㊻製品製造 Product manufacturing　㊼その他（　　　） Others

9 在留期間を更新するときの手続

◇在留期間の更新申請ができる期間

在職中に在留期間の満了日が近づいたら、外国人の住所地を管轄する出入国在留管理局で在留期間の更新手続を行います。**在留期間の満了日の３か月前から満了日までの間**に、在留期間の更新申請を行うことができます。更新許可の審査期間は、個別の事情や会社のカテゴリーにもよりますが、**２週間〜２か月程度**です。余裕をもって更新手続をしましょう。

◇会社の提出書類・外国人の提出書類

在留期間の更新手続で会社や外国人本人が提出する書類は、就労ビザ申請手続の場合と同じです。ただし、同じ外国人従業員が以前も同じ会社で更新手続をしている場合は、会社の審査はそのときに済んでいます。以降の更新手続では、原則として会社側の書類を提出する必要はありません。

外国人自身は、前回の更新や在留資格取得の後から今までの活動内容などが審査されます。したがって、在留カードをはじめ、日本での活動内容に応じた書類を更新手続ごとに毎回提出する必要があります。

申請者は本人ですが、本人に任せきりにするのは遅延の原因になります。他の手続と同様に会社が十分にサポートしましょう。

◇更新手続をすると満了日が延長される

在留資格の満了日までに更新手続をすると、次のページの図のように、在留カード裏面の在留期間更新等許可申請欄にその旨が記載され、在留資格の有効期間が満了日から２か月を経過する日まで延長されます。この有効期間内であれば、不法滞在になることはありません。

◇更新手続をしないで満了日を過ぎるとどうなる？

更新手続をしないまま在留資格の満了日を過ぎると、不法滞在となり、出国しなければならなくなります。当然その外国人を雇い続けることはできません。更新手続を行うのは原則として外国人本人ですが、更新手続もれがないように、会社も外国人従業員の在留期間を把握しておくとよいでしょう。

なお、更新が不許可になった場合の対応は、前項の在留資格変更許可申請手続と同様です。

更新手続中は在留カードの表記が変わる

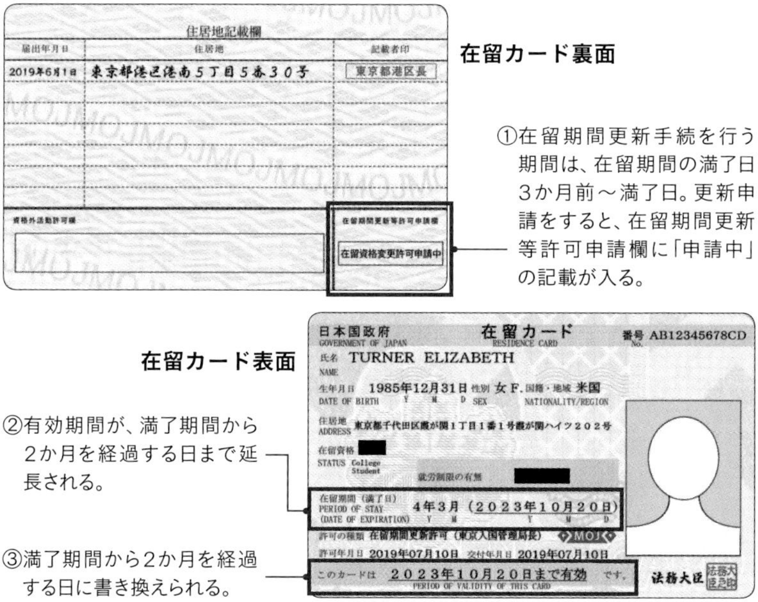

◇雇入れ時の更新申請手続のポイント

●申請者は本人または会社

申請は、原則として外国人本人が行います。すでに外国人本人を雇用している場合は、本人の承認を得て雇用主が代理で行うこともできます。申請先は本人の住所地を管轄する出入国在留管理局です。

●期間

手続は在留期間内に行う必要があります。個別の事情にもよりますが、通常は**申請から１～２か月程度**で許可が下ります。余裕をもって申請をしましょう。在留期限の３か月前から申請することができます。

在留期間更新許可申請手続の流れ

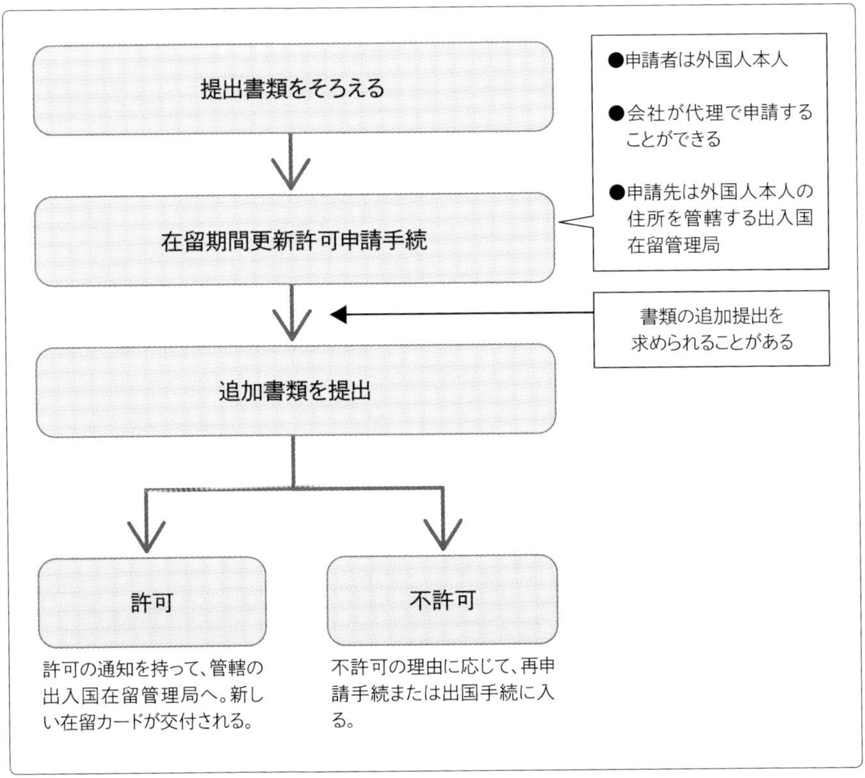

10 海外にいる外国人を採用するときの手続

◇代理人として会社が申請する

これまで、国内にいる外国人を雇い入れる手順について見てきました。では、海外にいる外国人を雇い入れるときには、どのような手続が必要になるのでしょうか。

国内にいる外国人を雇い入れるときとの大きな違いは、これから在留資格を新規で取得するという点です。外国人本人も、就労ビザ申請の手続の仕方がわからないでしょうし、たとえわかっているとしても本人に任せきりにすると大きなトラブルが起こることがあります。申請者は外国人本人ですが、雇用元である企業が代理人となって手続をリードしましょう。

内定を決めてから、外国人内定者が就労ビザを得て入国するまでは、大まかに次のページの図のような流れになります。

◇書類の確認時に翻訳文を作成することも

就労ビザ取得の見通しを確認して内定者の外国人と雇用契約を結ぶところまでは、国内にいる外国人を雇用する場合と同じです。

内定者から提出される卒業証明書、在職証明書などが母国語で書いてあり、会社内で対応できないケースがあるかもしれません。そうした場合は翻訳サービスなどの外部の協力も得て、内定者が就労ビザを取得する要件を備えているかどうかをチェックし、翻訳文を作成します。翻訳文は出入国在留管理局に書類を提出する際に添付します。

◇在留資格認定証明書の交付申請手続をする

書類を確認し、就労ビザ取得の見通しを立てて雇用契約を結んだら、次は在留資格認定証明書の交付申請手続を行います。

海外にいる外国人を雇い入れるときの流れ

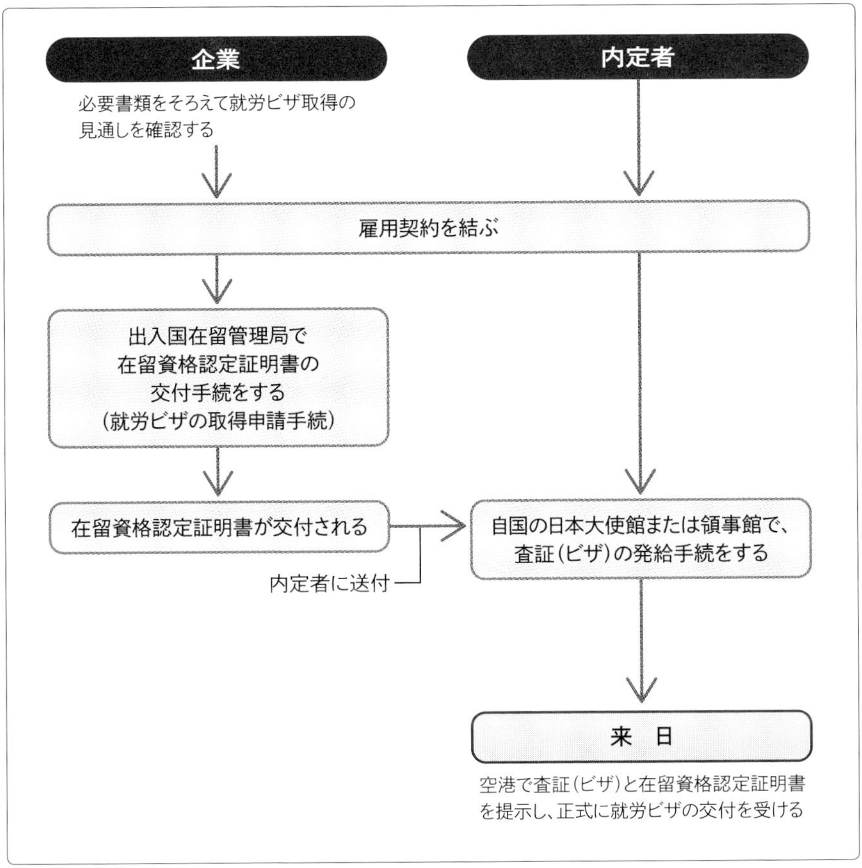

通常、在留資格は入国時に付与されます。ただ、滞在期間が中・長期にわたる就労ビザでは、入国を希望する在留資格の上陸許可基準に適合するかを事前に審査することになっています。その審査で上陸許可基準に適合すると認められた場合に、在留資格認定証明書が交付されます。

◇届出は手続をする会社の事務所所在地で

在留資格認定証明書の交付申請では、就労ビザ申請手続の一環として、企業が申請者（内定者）の代理人として手続を行います。内定者分、企業分とも他の就労ビザ申請時と同じ書類をそろえます。書類は外国人内定者を採用する事業所の所在地を管轄する出入国在留管理局に提出します。

◇在留資格認定証明書を内定者に送付

在留資格認定証明書の申請から、審査を経て交付されるまでは**1～3か月**ほどかかります。交付されたら、海外の外国人に原本を送ります。

◇自国で査証（ビザ）発給手続

在留資格認定証明書を受け取った外国人は、パスポートなど必要資料と一緒に在留資格認定証明書を現地の在外日本大使館などで提示して、査証（ビザ）を申請する手続をします。在留資格認定証明書の有効期間は原則３か月です。３か月を過ぎると無効となってしまうので、早めに手続をするように内定者に説明しましょう。

在留資格認定証明書があると、査証（ビザ）の発行が行われます。発行にかかる日数は国によって異なります。例えば、中国では受理から４～５営業日で発行されるようです。査証（ビザ）を受け取って来日し、入国審査時に正式に就労ビザが発行されます。後は、その就労ビザで働くことができます。

コラム フィリピン人を雇用する際の就労ビザ申請手続に注意

2018年10月末現在、日本では16万人以上のフィリピン人が働いており、日本企業にとって重要な外国人材となっています。しかし、フィリピン人の採用に際しては、日本の就労ビザ申請手続のほかに、フィリピン側の独自のルールがあることに注意する必要があります。

外国人を雇用する際は、「雇用契約の締結⇒就労ビザの申請⇒入社」という流れが一般的です。

しかし、フィリピン人については、2017年から、原則として外国企業による直接雇用がフィリピン国の法律で認められなくなっています。フィリピン人を雇用する際は、フィリピン海外雇用庁（POEA）が認定した現地エージェントを介した手続が必要となります。また、その後には、フィリピン海外労働局（POLO）の審査や面接を受けなければなりません。

これらの取得手続には相当程度時間がかかります。これを知らずに先に就労ビザの申請手続を始めてしまうと、せっかく日本側で就労による入国ができると認められ、在留資格認定証明書が発行されても、フィリピン側での審査に時間がかかり、在留資格認定証明書の有効期限が切れて来日できなくなるという事態になることもあります。

フィリピン人を雇用する際は、事前に手続の手順やかかる期間を確認のうえ、余裕をもったスケジュールを組むことが重要です。

3章　章末コラム

請負契約で就労ビザを取得するときの注意点は？

◇外国人が請負契約で就労ビザを取得できる場合

外国人が就労ビザを取得するには、日本で安定して継続的に働く見込みがあると証明しなくてはなりません。そのため、一般的にスポンサーとなる企業との間に雇用契約を結んでおくことが要件になります。

例外として、どの企業とも雇用契約を結ばないフリーランスの外国人でも、就労ビザの取得が認められることがあります。ITエンジニアや英会話講師などが、１つまたは複数の企業と業務委託契約や請負契約を結んで国内で働くような場合です。

ただし、企業（スポンサー）から中長期的に安定した収入を得る見込みがあることを証明しなければなりません。仕事の契約期間、契約金額、複数の会社と契約しているかなどが取得申請時に審査されます。

企業が業務委託元（請負元）としてフリーランスの外国人の就労ビザ取得申請手続に関わる場合には、請負契約書などの書類をそろえる必要があります。

◇フリーランスの外国人は自分で社会保険料や税金を支払う

無事に就労ビザを取得できた場合でも、フリーランスの外国人は、個人で国民健康保険や国民年金保険に加入して、保険料をすべて自己負担しなければなりません。確定申告などの納税手続も自分で行います。日本の社会保険・税制度は複雑なので、企業側は外国人本人に前もって説明しておきましょう。

ちなみに、業務委託先（請負先）となる外国人の売上が大きくなる場合や外国人が従業員を雇い入れるような場合は、経営者として在留する就労ビザ「経営・管理」の取得・変更をすすめてもいいでしょう。

4章

外国人労働者を受け入れる体制づくり

4章
ガイダンス

コミュニケーション・暮らし・仕事の三方で受け入れを！

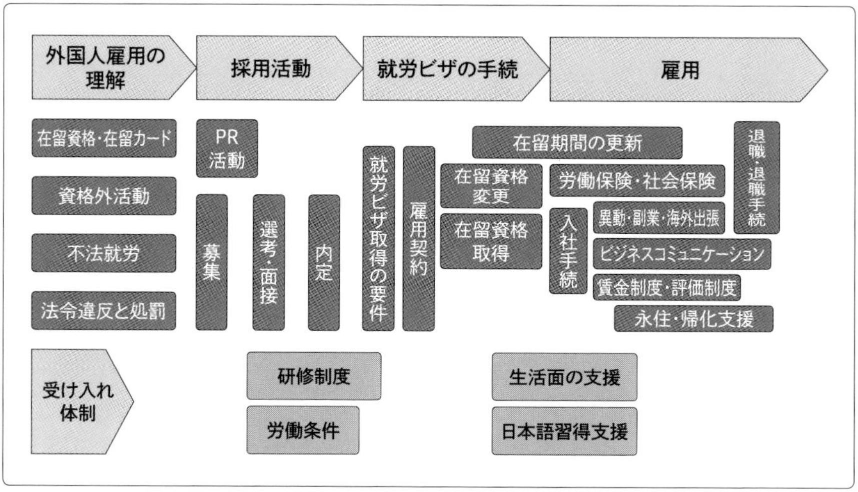

◇支援を充実させて定着をうながす

時間とコストをかけて採用した外国人従業員には、早く職場になじんで戦力になってもらいたいものです。受け入れ時の支援体制や雇用体制を整えていきましょう。外国人への支援制度が充実している会社ほど、離職率は低い傾向にあります。

支援制度では、コミュニケーションと言語の面から配慮します。また、仕事とプライベートの両面で孤立感をなくすようにします。

外国人従業員に配慮した支援と制度づくり

コミュニケーションと言語(P130～P137)
・支援体制のしくみ
・日本語以外の言語や記号でのフォロー
・相互理解を深める場を作る　研修の活用
・日本語の習得

生活面の支援(P138～P143)

雇用制度の整備(P144～P158)

◇外国人従業員と接する心がまえ

どんなに良いしくみを作っても、受け入れる側の意識や行動が変わらなければ、外国人雇用は失敗に終わるかもしれません。

相手の考えや立場に配慮して信頼関係を築くというコミュニケーションの基本は、相手が外国人であっても変わらないはずです。次のような外国人従業員と接するときの心がまえを、職場で共有しておきましょう。

（1） 個人を尊重する

（2） 育ってきた背景や文化を理解する

（3） トラブル時は価値観や文化を踏まえて対処を考える

（1）個人を尊重する

同じ国の出身でも社交的な人がいれば内気な人がいるように、考え方、性格は人それぞれです。「外国人」や「◯◯国の出身者」とひとくくりにするのはやめましょう。どこかの国の出身者である前に、個性を持った一人の人間として、外国人従業員に接します。

（2）育ってきた背景や文化を理解する

個人を尊重するから、育ってきた国や文化は関係ないというわけではありません。外国人従業員の価値観やアイデンティティを形作った国の文化や環境などを、理解しようという意識を持ちましょう。

ましてや「ここは日本だから」と日本の慣習や考え方を強要することは、避けなければいけません。

（3）トラブル時は価値観や文化を踏まえて対処を考える

外国人従業員をめぐってトラブルが起きたとき、価値観や行動が日本人とは異なることを踏まえて、対処法を見つけていくことが大切です。

1 支援体制づくりとコミュニケーション

◇支援体制のポイント

●従業員に負担がかからないようにする

外国人従業員の支援では、職場内の従業員の協力が欠かせません。ただし、特定の従業員に負担が集中してしまっては、支援は長続きしないでしょう。したがって、職場の理解を得ながらも、従業員個々の負担を軽くする支援体制を作ることが大切になってきます。

例えば、仕事面のサポートと生活面のサポートでは支援担当従業員を別々にするというように、分担制をとりましょう。また、支援業務をボランティアにしないこともポイントです。支援時間に応じた手当を支給するなどの配慮をしましょう。

●従業員同士のコミュニケーションも大切

外国人従業員にとって、疎外感が大きな離職要因になることがわかっています。「自分は孤立している」と感じさせないために、職場内で積極的にコミュニケーションを図りましょう。

同じ国の先輩従業員を支援担当者にする、母国語が話せる同僚をチームに入れるというのもよいアイデアです。母国語でコミュニケーションが取れる安心感は、日本語がつたなければ、なおさらのことでしょう。実際、同じ国の従業員のサポートがあると離職率が低くなる傾向があります。

支援に関わる従業員が、課題を抱え込まないようにすることも大切です。人事労務担当者は、支援担当従業員や外国人従業員の上司に定期的にヒアリングをするなどして、社内で情報や問題点を共有します。

◇日本語に頼らないコミュニケーション

●外国語とやさしい日本語を併用する

社内規程を多言語ややさしい日本語で併記する、教育訓練などを母国語で行うというように、日本語力不足によるコミュニケーション不全を補うような工夫をしましょう。

●記号や標識、合図をする

外国人労働者の安全や健康を守るための説明や指導は、特にわかりやすくなるように努めます。やさしい日本語を使ったり、見ただけでわかる記号や標識を活用しましょう。現場では、身ぶりなどの言葉に頼らない合図を決めておくのもいいでしょう。

支援体制のポイント

□従業員に負担をかけすぎない
例）分担制をとる

□職場のコミュニケーションを重視する
例）支援担当に同国の先輩や言葉が通じる従業員をつける
従業員同士のコミュニケーションを活発にする

□日本語以外の言語や記号などを活用する
例）記号や合図を使った資料づくり・コミュニケーション
誰もがわかる記号や合図を使う

2 研修を活用して従業員の相互理解を深める

業務研修などの研修を実施している会社は多いのではないでしょうか。外国人雇用でも、日本人従業員と外国人従業員が互いに理解を深めるために、研修をおおいに活用することをおすすめします。

研修には、次のような内容を盛り込むといいでしょう。

（1） 業務研修（対象：外国人従業員）
（2） 日本の文化・ビジネス慣習などについての研修(対象：外国人従業員)
（3） 外国人雇用への理解を深める研修（対象：日本人従業員）
（4） 外国人従業員本人への理解を深める研修（対象：同じ職場の日本人従業員）

（1）業務研修

入社前や入社直後などに行う一般的な業務研修です。日本語の理解度に応じて、平易な日本語を使う、資料には母国語や英語を併記するといった工夫をしましょう。

（2）の日本の文化・ビジネス慣習の研修と一緒に行ってもいいでしょう。

業務研修に盛り込むこと

- **仕事の内容・流れ**
- **会社組織、企業理念など**

（2）日本の文化・ビジネス慣習などについての研修

特に来日したばかりの外国人労働者にとって、日本で目にすることや聞くことは初めての連続です。母国との違いにとまどわないように、あらかじめ日本の文化やビジネス慣習、生活面の手続などを伝えておきます。

日本人にとっては当たり前の社員旅行や飲み会などが、外国人には奇妙なものに映るようです。会社としては従業員の親睦を深める意図もあることを、この機会に説明するのもいいかもしれません。

日本型ビジネスの特徴や注意点、賃金制度や社会保険のしくみなど、外国人がとまどいやすいことはこの研修で伝えておきます。

日本の文化・ビジネス慣習などについての研修に盛り込むこと

- 日本の文化・慣習
- 生活面の手続
- 社員旅行や社内行事の開催意図、会社の風土
- 社会保険のしくみ
- 賃金や待遇など

（３）外国人雇用と外国人労働者への理解を深める研修

職場の日本人従業員向けに行う研修です。外国人雇用を成功させるには、職場の理解と協力が不可欠になります。既存の従業員には、外国人を採用する理由やサポート体制などを伝え、よく理解してもらうようにしましょう。

外国人従業員の育ってきたお国柄や慣習について学び、日本との違い、外国人をひとくくりに見ることの危うさなどを知ってもらいます。政治的なことを話題にしないなど、文化や宗教上のタブーについても触れておきます。

外国人従業員の上司となる従業員には、マネジメント上の注意点などを伝えます。例えば、外国人従業員への指示では、暗黙の了解に頼ってはいけません。仕事を進めるときは意図や理由を明確に示し、成果を上げたときはしっかりほめるといったメリハリが大切です。ビジネス上のコミュニケーションについては、７章でくわしく説明しています。

外国人雇用への理解を深める研修に盛り込むこと

- 外国人を採用する理由・サポート体制
- 宗教や慣習、食習慣などを踏まえた接し方
- タブー（宗教上のふるまい・政治的な話題など）
- 相手の文化や慣習を尊重すること
- 日本の文化や慣習への同化を強要しないこと
- 日本語で話すときはなるべくゆっくりと話すなど、コミュニケーションについての配慮
- 個性を尊重するなど、接し方の心がまえ
- 上司にあたる従業員には、接し方、マネジメント法など

（4）外国人従業員本人への理解を深める研修

外国人従業員が入社した後に、すでにいる従業員と直接交流する研修を行うことをおすすめします。差別や誤解が生まれる土壌は、風通しの悪いコミュニケーション環境にもあります。互いの生活習慣や文化、考え方の違いを、**対話を通して学び合う機会をつくる**のです。

研修では、当の外国人従業員に講師になってもらい、母国語での簡単なあいさつや自国の文化などを紹介してもらいましょう。外国人従業員と日本人従業員との間で、質疑応答や意見交換をする時間を設けるのも一案です。

外国人従業員にとっても、自国の良さを再確認する機会になります。また大勢の人の前で話をし、理解や協力を得られたという自信は、今後の仕事にもプラスになるはずです。

外国人従業員本人への理解を深める研修に盛り込むこと

- 外国人従業員自身の育った国・土地の紹介
- 自国の誇れるところを紹介
- あいさつなど簡単な母国語の紹介
- どのように接してほしいかを伝える

コラム 社内の共通言語を日本語にする

外国人が多く入社してくると、社内公用語をどのようにすればいいのかちょっと悩んでしまうかもしれません。実際、グローバル企業や大企業の中には、従業員の多国籍化にともなって社内の公用語を英語にしている会社もあります。

では、小規模の会社の場合はどうすればいいのでしょうか？

結論から言えば、ある国を母国とする外国人が職場に多くいるとしても、公用語は日本語に統一することをおすすめします。職場では母国語を話さず、日本語で話すようにしてもらうのです。

これは、外国人従業員の日本語でのコミュニケーション能力を高めるためでもあり、職場の風通しをよくするためでもあります。

職場で、一つの国の出身の人たちが固まって、母国語で話をしているところを想像してみましょう。どんなことを話しているか、仕事の話をしているのか、それとも私語なのか、会社の悪口を話しているのか、周囲の人にはわかりません。自分の悪口は言われていないだろうかなどと周りは不信感を募らせ、モヤモヤした気持ちを抱えてしまうかもしれません。これでは職場環境が悪くなってしまいます。

外国人だけではなく、職場全体が気持ちよくコミュニケーションを図るためにも、日本語という共通の言語を使うようにするのがベストだと思います。

3 会社のサポートで日本語能力をアップ

◇日本語能力アップで仕事の能力も上がる

これまで述べたように、日本語に頼らないフォロー体制も大切ですが、同時に日本語能力を上げる環境も整えましょう。

日本語によるコミュニケーション力が一定のレベルに達するまでは、教育費用を負担している会社も多いです。コストはかかりますが、日本語能力が高くなると、任せられる仕事が質・量ともに増えます。外国人従業員にとってもやりがいは大きくなるはずです。

日本語の習得には、日本語学校に通う、日本語研修を開く、マンツーマンで学ぶなどの方法があります。自社でどのような学習環境を用意するのかを検討しましょう。

◇日本語能力を測る試験の種類

日本語を母国語としない外国人を対象とした日本語能力を測る試験で、日本語のコミュニケーション力レベルを客観的に知ることができます。日本語の習得環境を作るとともに、このような試験を定期的に受けてもらうと日本語学習へのモチベーションが保たれるかもしれません。

日本語能力を認定する試験は何種類もあります。代表的なものが日本語能力試験（JLPT）で、日本語能力テスト全体の指標にもなっています。

そのほか、ビジネス日本語能力テスト（BJT）、J.TEST実用日本語検定などは、ビジネスコミュニケーションに特化して日本語力を測る試験で、出入国在留管理局に提出する**日本語の成績証明書**としても認められています。

日本語能力試験JLPTのレベル

日本語能力	目　安
N1	幅広い場面で使われる日本語を理解できる
N2	日常的な場面で使われる日本語を理解できることに加えて、幅広い場面で使われる日本語をある程度理解できる
N3	日常的な場面で使われる日本語をある程度理解することができる
N4	基本的な日本語を理解できる
N5	基本的な日本語をある程度理解できる

N1
難しい
↕
やさしい
N5

日本語能力を測る試験

日本語能力試験JLPT以外で、日本語能力の成績証明として公的に認められている主な試験

試験名	日本語能力試験のN5に相当するレベル（参考）
ビジネス日本語能力テスト（BJT）	300点以上
J.TEST実用日本語検定	FGレベル250点以上
日本語NAT－TEST	5級
TOPJ実用日本語運用能力試験	初級A以上
J－cert生活・職能日本語検定	初級以上
JLCT外国人日本語能力検定	JCT5以上
実践日本語コミュニケーション検定・ブリッジ（PJC Bridge）	C－以上

4 生活面の支援 基本のポイント

◇生活への順応度合いに応じてサポートする

仕事以外の生活面での支援は、外国人労働者の国内滞在年数や順応度合いに応じて柔軟に変えていくとよいでしょう。

来日したばかりの外国人なら、日本での生活に、期待とともに不安を感じているはずです。空港からの移動でさえままならないこともあるでしょう。こんな場合は、空港まで出迎えてあげるといった親身な対応が不安を軽くするのではないでしょうか。ときには、地域社会から孤立させないようなケアも必要になるかもしれません。

日本国内での転職組や留学年数が長い外国人従業員には、不安な点を聞き取った上で必要最小限のサポートを行うだけでもいいでしょう。

◇在留資格「特定技能」の支援計画を参考に

在留資格「特定技能」で働く外国人の受け入れでは、仕事以外でもプライベートや地域社会で生活していくためのさまざまな支援を行うことが義務づけられています（➡1章）。

特定技能の支援計画は、受け入れ時のサポートを考える際の参考になるでしょう。

生活面の支援　チェックポイント

- □国内滞在年数は？　順応具合に応じて支援内容を変える
- □住宅選びと手続（賃貸契約、ガス・水道・電気の契約）
- □入国時の各種手続（住民登録、個人番号の取得、銀行口座の開設、携帯電話の契約）
- □引っ越し時の各種手続
- □地域でのサポート、家族へのサポート（必要性が高い場合）

5 住宅選びのサポート

◇簡単ではない住宅選び　会社がフォローする

住居選びは、日本に住む外国人が最初に直面する問題と言えます。外国人に部屋を貸すことを敬遠する家主や不動産会社もまだ多く、保証人を探すのも簡単ではありません。

また、火災保険や礼金、敷金や仲介手数料など、母国にはないシステムにとまどうことがあるようです。

近年は、外国人向けにサービスを提供する不動産会社や保証会社も増えてきました。下の表のように、外国人向けの住居支援をしている自治体もあります。このような役立つ情報を集めて、外国人従業員に教えてあげるといいでしょう。また、賃貸システムで外国人が疑問を感じた点には、できる限りていねいに説明しましょう。

住居選びのお役立ち情報

- **独立行政法人UR賃貸住宅では、在留3か月以上などの条件を満たす外国人に、礼金なし・保証人なし・仲人手数料なしの優遇施策を取る。**
  https://www.ur-net.go.jp/chintai/whats/merit/
- **法務省では外国人生活支援ポータルサイトを開設し、言語対応サポートを行う家賃債務保証業者を掲載している**
  http://www.moj.go.jp/nyuukokukanri/kouhou/nyuukokukanri10_00053.html
- **神奈川県の外国人向け賃貸住宅支援制度**
  http://www.machikyo.or.jp/kyojyushien/bukken/
- **大阪府の外国人向け賃貸住宅支援制度**
  http://sumai.osaka-anshin.com

◇誰が部屋を借りるかで方法は２通りある

外国人が部屋を借りる方法は、２通りあります。

（1）　外国人本人が賃貸契約をする

（2）　会社が賃貸契約をする

（1）外国人本人が賃貸契約をする

外国人本人が賃貸契約をする場合、スムーズに事が運ばないことがあります。前ページの情報などを参考にして、あらかじめ外国人向けのサービスをしている不動産会社や保証会社を探しておくといいでしょう。

（2）会社が賃貸契約をする

企業が賃貸物件の契約者となって、外国人従業員に提供するという方法もあります。通常の法人契約と変わらないので、契約できるハードルはぐんと低くなります。

賃貸契約や解消を、会社の裁量で行うことができるのもメリットです。外国人従業員が退職する際に、部屋からの退去を求めることができます。

◇環境や電気・ガス・水道をチェック

日本での暮らしに慣れていない外国人に代わり、物件の室内や周辺環境をチェックしてあげましょう。エアコンの操作やガスコンロの使い方を教えてあげたり、スーパーや子どもが通う学校はどこにあるかを一緒に見て回ったりするといいでしょう。

電気・ガス・水道は、申し込みをしないと使うことができません。必要ならその手続もサポートします。

◇暮らしのマナーや退去時の取り決めを伝える

地域で暮らすためのマナーも伝えましょう。ゴミの出し方を守る、夜中に仲間を呼んで騒いだりしないといったことです。不動産会社が外国人に部屋を貸すことを敬遠するのは、このマナーが守られないのではないかという心配も大きいのです。

退去時のルールも一通り教えてあげましょう。原状回復が原則であること、部屋が汚れていると敷金が差し引かれる恐れがあることなどです。

コラム　会社は保証人にならなければいけない？

会社の社長さんから、「外国人従業員が部屋を借りるとき、会社が保証人にならなければいけませんか？」と尋ねられることがよくあります。

確かに、日本国内で外国人の賃貸の保証人を探すのは簡単ではありません。だからといって、会社が保証人にならなければいけないのでしょうか？

結論を言えば、会社が保証人になる必要はありません。それどころか、会社が保証人になることは避けるべきです。

保証人の役割は、言ってしまえばトラブル処理。一度保証人になると、賃貸契約が解消されるまでその役割が続きます。従業員の賃貸契約の保証人になったばかりに、その従業員が会社を退職して何年も経ってから、滞納した家賃を代わりに支払わなければならないということも起こり得ます。「彼は従業員だから保証人になった。すでに退職しているからわが社とは関係ない」という言い分は通りません。

このようなトラブルを避けるためにも、外国人労働者本人が賃貸契約をするとき、会社は保証人にならないほうがいいでしょう。保証人になってくれる保証会社を探すか、でなければ、会社が賃貸契約をする方法をおすすめします。

6 各種契約や病院探しのサポート

◇住民登録の手続

３か月を超える中長期の在留資格がある外国人は、住民登録をして住民票を作成しなければなりません。住所地を決めてから、14日以内に住民登録の手続をします。本人確認には在留カードが必要です。

来日した外国人の場合、住所地のある自治体の窓口で住民登録の手続をします。日本の他の地域から転居してくる場合は、引越し前の自治体で転出届けをしてから、引越し先の自治体で転入手続をします。

◇個人番号（マイナンバー）

初めて住民票を作成した外国人には、日本人と同様に12桁のマイナンバー（個人番号）が通知されます。通知カードは大切に保管します。マイナンバーは、税や社会保険、災害対策の手続をするときに必要です。重要な個人情報なので、自分のマイナンバーをむやみに他人に教えてはいけません。

義務付けられてはいませんが、通知カードを元にマイナンバーカードを交付してもらうことができます。マイナンバーカードの有効期限は、在留期間の満了日などです。

◇銀行口座の開設

給与を銀行口座で受け取る際に、本人名義の口座が必要になります。銀行ごとに提出書類が違うので、事前にどんな書類が必要かを確認します。

◇携帯電話の契約

３か月を超える在留資格がある外国人であれば、日本国籍を持っている人と同じように国内の携帯電話サービスを利用することができます。本人確認には在留カードが必要です。

多言語に対応していない店舗も多く、料金支払いにはクレジットカード払いや銀行引き落としを要件とすることがあります。あらかじめ多言語対応ができる店舗や用意する書類などを調べておきましょう。

◇Wi-Fiの契約

母国の友達や親族とのやりとりは、もっぱら動画電話で行うという外国人は多いです。Wi-Fi環境は必須といえるでしょう。必要であれば、Wi-Fi環境づくりでもサポートや情報提供を行います。

◇病院探しも視野に入れる

急病になったときに備えて、外国語で診療を受けられる医療機関を探しておきましょう。比較的規模の大きい総合病院は、英語や多言語に対応できることが多いです。会社や自宅の近隣で探すか、都道府県にある**産業保健総合支援センター**や民間の国際交流組織である**地域国際交流協会**などに相談してみてください。

コラム　外国人の車の運転で気をつけたいこと

◇運転免許の切り替え法は？

母国の運転免許を持っている外国人が、日本でも車を運転するには、所持している有効な免許を日本のものに切り替えることになります。切り替え時に技能試験などが必要か免除になるかなどは、運転免許を取った国によって異なります。

◇帰化するなら違反や事故歴に注意を

日本の国籍を取得する、つまり帰化を考えている場合は、特に運転ルールの順守や事故に気をつけます。運転中の事故歴や交通違反が、帰化の素行要件に影響することがあるためです。実際、運転免許停止の回数が非常に多くて、帰化申請を却下されるというようなケースも少なくありません。

7 雇用制度の整備 基本のポイント

◇不透明な制度を改善する

外国人従業員が働きやすいように雇用体制や労働条件を整えていきましょう。ポイントは、文化や価値観の違いを超えて、わかりやすいものにすることです。その上で、明確に制度を伝えていくことが大切です。

外国人は離職率が高いと言われますが、外国人労働者だってすぐに会社を辞めるつもりで入社するわけではありません。入社後、労働条件や雇用慣行などに疑問や不満を感じて、退職や転職を決めるケースが多いのです。

外国人労働者を採用するからといって、特別な制度をいくつも設ける必要はありません。

ただ、母国語が日本語ではない、育ってきた言語や文化、価値観が違うという点を考慮して、再整備をする必要があります。これからも外国人雇用を続けていくなら、外国人から見て不透明な賃金制度や労働条件、雇用慣行などを改めていきたいものです。なお、キャリアパスや評価制度、賃金体系の見直しについては、７章で説明しています。

◇外国人従業員10人以上で雇用労務責任者を選任する

雇用する外国人が増えると、雇用管理体制も複雑になってきます。そのため外国人労働者を10人以上雇うときは、外国人の採用から安全衛生、退職までの労務全般を管理する責任者（雇用労務責任者）を選任しなければなりません。雇用労務責任者には人事課長などが適任でしょう。

◇職場内でコミュニケーションの体制を整える

この章の初めのほうでも述べたように、外国人労働者が周囲とスムーズにコミュニケーションを図れるような体制を職場内で整えておきます。外国人従業員と一緒に働く同僚や上司にも教育研修を行い、接し方や話題にしてはいけないこと、効果的なマネジメントなどについて十分に情報を共有しておきましょう。

母国語に対応した業務マニュアルを、書面や映像で見ることができるようにしておくといいでしょう。なお、業務を進めていく上での効果的なコミュニケーションの取り方については、7章で説明しています。

雇用制度の整備　チェックポイント

- □**労務の整備**
  - ・仕事のマニュアルや業務資料の多言語化またはやさしい日本語への置き換え
- □**受け渡しの書類リストを作成**
- □**雇入れ時の健康診断を実施する**
- □**雇用労務責任者の選任（外国人労働者が10人以上いる場合）**
- □**労働条件の整備**
  - ・明確になっているか
- □**就業規則・労使協定**
- □**労働時間と残業**
- □**賃金制度**
- □**雇用契約書**

コラム　在留カードとパスポートは会社で預かってはいけない

在留カードとパスポートは、その外国人の身分証明書ともなるものです。在留期限がある外国人は、在留カードを常時携帯しておかなければなりません。入社時に提示してもらうことは必要ですが、原本を預かってはいけません。提示してもらった時にコピーして、個人情報として慎重に管理しておきましょう。

8 入社時の事務手続

◇リスト化と多言語化

入社時に外国人従業員と受け渡しをする書類をリストにしておきます。できれば母国語を併記し、何のためにいつまでに必要なのかを説明できるようにしておきます。

入社時の社会保険や税金・入管関係の事務手続も、下記のようにリスト化しておきましょう。次のページのような**所属（契約）機関に関する届出**など、外国人本人が行う手続もピックアップして、入社時に教えてあげるといいでしょう。

入社時の事務手続

会社が行うこと

□**雇用保険被保険者資格取得届**
入社日の翌月10日までにハローワークへ届け出る

□**外国人雇用状況届**（雇用保険に加入していない場合）
入社日の翌月の末日までにハローワークへ届け出る

□**健康保険・厚生年金保険被保険者の資格取得届**
入社日の翌日から5日以内に健康保険組合または年金事務所へ届け出る

□**ローマ字氏名届**（資格取得届に添付）

□**住民税の給与所得者異動届**（特別徴収を行う場合）
入社日の翌月10日までに住民税を納める市区町村へ届け出る

外国人本人が関わる手続

□**所属（契約）機関に関する届出**（次のページ参照）
入社後14日以内に出入国在留管理局へ届け出る

□**健康保険被扶養者（異動）届**
（扶養する配偶者や親族がいるとき）

□**被扶養者現況申立書**
（扶養する配偶者や親族が国外に在住するとき）

□**国民年金第3号被保険者関係届**（扶養する配偶者がいるとき）

□**雇用保険被保険者証**（転職者で雇用保険に加入するとき）

➡本人が書いて会社へ提出（健康保険被扶養者（異動）届〜雇用保険被保険者証）

所属（契約）機関に関する届出

①ABC株式会社の退職とDEF株式会社への就職を一緒に届け出る際の様式。
※ケースにより届け出る様式を変更します。

参考様式1の7（複数届出：「契約終了」と「新たな契約締結」）
(Contracting organization: termination・new conclusion)

契 約 機 関 に 関 す る 届 出
NOTIFICATION OF THE CONTRACTING ORGANIZATION

① 届出人 Applicant

英字氏名 Name on the residence card　JOHN SMITH　性別 Sex　男（Male）

生年月日 Date of Birth　1990 年 Year　7 月 Month　18 日 Day　国籍・地域 Nationality/Region　米国

住居地 Address in Japan　〒150−0022
東京都渋谷区渋谷 〇〇−〇〇

在留カード番号 Residence card No.　A B 1 2 3 4 5 6 7 8 C D

在留資格 Status of residence　技術・人文知識・国際業務（ Engineer/Specialist in Humanities/International Services ）

② 届出の事由 Item of notification

「契約機関との契約の終了」及び「新たな契約機関との契約の締結」
Termination of the contract with the organization and conclusion of a contract with a new organization

A 契約機関との契約の終了 Termination of the contract with the organization

契約終了年月日 Date of termination　2020 年 Year　9 月 Month　30 日 Day　法人番号(13桁) Corporate number　●●●●●●●●●●●●●

契約が終了した機関の名称 Name of the organization　株式会社ABC

契約が終了した機関の所在地 Address of the organization　〒100−8977
東京都〇〇区△△1−1　（電話 tel. 03−3592−〇〇〇〇 ）※

B 新たな契約機関との契約の締結 Conclusion of a contract with a new organization

契約年月日 Date of conclusion　2020 年 Year　10 月 Month　1 日 Day

機関の名称 Name of the organization　従前の機関★ Previous Org.　同上　新たな機関 New Org.　DEF商事

機関の法人番号(13桁) Corporate number　従前の機関★ Previous Org.　同上　新たな機関 New Org.　▲▲▲▲▲▲▲▲▲

機関の所在地 Address of the organization　従前の機関★ Previous Org.　〒　同上　（電話 tel. ）※

新たな機関 New Org.　〒108−8255
東京都〇〇区△△5−5−10　（電話 tel. 03−5000−0000 ）※

新たな機関における活動の内容 Details of activities at the new organization

翻訳・通訳

②転職した後に従事する業務を記載します。

③ 届出人（本人）の署名 Signature of the applicant

John Smith　20△△年 Year　〇〇月 Month　××日 Day

④ 届出人又は届出代理人の連絡先
Contact telephone number of the applicant, representative or agent

該当するものを選んでください。check one of the following boxes　■ 届出人 applicant　□ 届出代理人 representative or agent

電話番号 Telephone No.　※　携帯電話番号 Cellular phone No.　※

※ 本書中，※のついた連絡先については，届出内容の確認のため，連絡させていただく場合があります。
★ 本書中，★のついた名称，法人番号，所在地について，Aと同じ場合には，「同上」と記載して差し支えありません。

⑤ 届出代理人（本人以外の者が届け出る場合に記入） Representative or agent (in case of representative, agent or other)

氏名 Name　本人との関係 Relationship with the applicant

住所 Address 〒　届出年月日 Date of notification　年 Year　月 Month　日 Day

◇身元保証書を提出してもらうときの注意点

従業員が会社に損害を与えたとき、場合によっては身元保証書に署名をした身元保証人が、本人に代わって損害を賠償する義務を負います。ただし、外国人従業員の場合、海外の身元保証人にまで損害賠償を求めることは現実的ではありません。本来の身元保証書としてよりは、何かあったときの連絡先として提出してもらうといいでしょう。

国内での連絡先を確保しておきたいものです。親族や知人の中から国内と国外に１人ずつ、身元保証人を選ぶようにお願いしましょう。

◇誓約書を提出してもらうときの注意点

誓約書は、入社時に提出する書類として一般的です。外国人労働者の入社時にも提出してもらいます。

重要事項の機密保持のため、誓約書を提出してもらうとともに、研修で何度でもその重要性を伝えておきます。誓約する事項は、在職中はもちろん、退職後でも有効にすることができます。

◇雇入れ時の健康診断を実施する

会社には、労働者を雇い入れるにあたって健康診断を実施する義務があります。雇用前３か月以内に行った健康診断書類を提出してもらうことで、健康診断実施の代わりとすることもできます。

来日したばかりの外国人従業員の雇入れでは、事前に健康診断書類を提出してもらっていたとしても、あらためて日本国内で健康診断を行うことをおすすめします。なぜなら、持病などがあっても、言葉の壁もあって会社側にきちんと伝えられていない可能性もあるからです。日本語の書類で健康状態を把握できることも重要です。

雇入れ時の健康診断を省略する企業もありますが、安全配慮義務違反に問われることがあります。必ず実施しましょう。

誓約書例

①口約束を交わすだけではなく、書面にします。母国語の併記が望ましいです。

発行日
年　　月　　日

誓約書

②外国人にも理解してもらうよう業務の実態に合わせること。トラブルの元になるような禁止行為をできる限り挙げて記載。禁止行為を行わないように説明して守ってもらいます。

（会社）
ＡＢＣ株式会社
代表取締役　○○　□□　殿

この度、私は貴社に勤務するにあたり、貴社の就業規則等を遵守し、誠実に職務を遂行することを誓約致します。在職中および離職後も下記の遵守事項もしくはそれに類する行為について違反した場合は、損害賠償請求を含むいかなる処置を受けても異議はございません。

1．業務上知り得た秘密を社外の者へ洩らさないこと

2．勤務時間の内外を問わず、会社の許可なくアルバイト行為を行わないこと

3．勤務時間中、直接の上司の了解を得ずに職場を離脱または放棄しないこと

4．関与先より個人的理由に基づくものでも、報告を行わずして金品を受け取らないこと

5．部外者に会社や上司、同僚に関する批判や不平または不満を述べるなどして、関与先あるいは第三者との信頼関係を損なうに至る結果となる言動もしくは行為をすること

6．会社の関連業務の全てについて、施策の方法、業務に関する文書・印刷物など、業務上のノウハウを盗用したり会社の許可なく他に漏洩したりすること。

年　　月　　日

住　所

氏　名　　　　　　　　　　印

9 就業規則の整備

◇就業規則を作成しておきたい理由とは

就業規則は会社のルールブックです。外国人従業員が労働条件に不満を見せて、「前の会社ではああだった」「母国ではそうする」と主張してくるときにも、就業規則を示して「わが社ではこうだ」と根拠を明確に示すことができます。

就業規則の作成義務があるのは、アルバイトや外国人労働者も含めて従業員が10人以上いる事業所ですが、10人未満でも就業規則を作ることをおすすめします。

◇就業規則作成の注意点

就業規則を作るときの主な注意点を３つ挙げます。

（１） 就業規則を周知し、理解してもらう
（２） 必要なら服務規律や懲戒規程を盛り込む
（３） 外国人労働者専用の就業規則を作らない

（１）就業規則を周知し、理解してもらう

就業規則を労働基準監督署に届け出た後に、しっかりと職場に周知します。就業規則は、周知して初めて効力を持つからです。

外国人従業員の場合は、就業規則の内容を理解してもらって初めて周知したと言えます。**母国語で翻訳**したり、**わかりやすい日本語を併記し**たりします。また、研修時に就業規則の内容を説明しましょう。

（２）必要なら服務規律や懲戒規程を盛り込む

右のページで示すように、就業規則で必ず定める労働条件などがあります。

そのほかにも、会社の規律を守るための服務規律、規律を破ったときに処分できる懲戒規程を必要に応じて盛り込みます。就業規則に入れないと、懲戒処分ができないことに注意しましょう。

外国人はハラスメントに敏感です。制度を整えた上でハラスメント規程も整備していきたいものです。

（3）外国人労働者専用の就業規則を作らない

労働条件は、正社員やアルバイトなど職種によって異なります。したがって、就業規則も正社員用、アルバイト用など職種別に作成します。

性別や国籍を理由として、待遇や労働条件を区別することは禁じられています。外国人労働者だけ別個に待遇や労働条件を設けることはできません。別個に作っていると誤解される恐れがあるので、外国人労働者専用の就業規則を作成するのも避けましょう。

就業規則作成の流れ

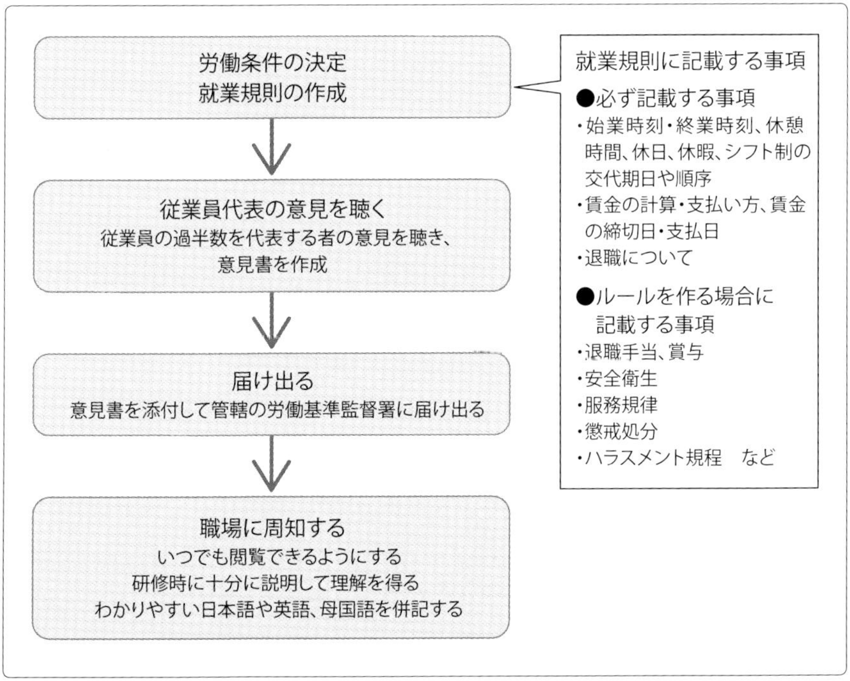

10 労働時間と残業、休日のルールを明らかにする

日本人労働者でも、労働時間は気になるものです。始業時刻と終業時刻、休憩時間、１か月にどれくらい残業があるかなどを、事前にていねいに説明し、不安を取り除いてあげてください。

◇残業をする前に労使協定を１年に１回結ぶ

法定労働時間は１日８時間・１週間40時間。法定休日は１週間に１日です。法定労働時間を守り、週に１日は休日を設けます。

法定労働時間や法定休日を超えて働いてもらう、つまり残業をしてもらうには、まず三六協定という労使協定（➡P154コラム）を結び、労働基準監督署に届けなければなりません。三六協定は**１年に１回結び直し**ます。

◇従業員に残業させる３つの決まり

残業をしてもらう従業員に対しては、次のような決まりを守ります。

①残業があることを就業規則に明示する。

②個々の従業員に示す雇用契約書にも残業があることを示す。

③残業時間分の割増賃金を支払う。

仕事に慣れないうちは、時間がかかって残業時間が増えるかもしれません。だからと言って残業代を支払わない理由にはなりません。どのように仕事の負担を減らして残業時間を減らすかを考えるのも会社の責務です。

◇残業時間には上限がある

残業時間には上限が設けられています。時間外労働（法定労働時間を超えた残業）は、原則として月45時間・年360時間以内です。それ以上の残業をさせる場合は、労使の合意を得て、労使協定に特別条項として記載しなければ

ばなりません。

しかし、その場合でも臨時的で特別の事情がある場合に限ります。下の表で示すような残業時間の上限を超えてはいけません。違反した場合には、6か月以下の懲役または30万円以下の罰金が科されます。

残業時間の上限

①臨時的な特別の事情がない限り、時間外労働の上限は、原則として月45時間・年360時間。

②臨時的な特別の事情があって労使が合意する場合でも、

・時間外労働は、年720時間以内。

・時間外労働＋休日労働は、月100時間未満、2～6か月平均80時間以内。

③月45時間を超えることができるのは年6回（6か月）まで。

違反した場合は、6か月以下の懲役または30万円以下の罰金が科される。

◇労働時間の規制がある在留資格に注意

在留資格が「留学」「家族滞在」、一部の「特定活動」の外国人は原則として就労が認められていませんが、資格外活動の許可を受ければ働くことができます（➡1章）。

ただし、労働時間は1週間で28時間までと決められています。この上限を守らないで働いていると、不法就労者とみなされることがあります。なお、複数の仕事を掛け持ちしているような場合でも、1週間の総労働時間を28時間に収めなければなりません。

「留学」で、資格外活動許可を得て就労する外国人に限っては、夏休みなどの長期休暇期間中は法定労働時間（1日8時間・週40時間）まで働くことができます。しかし、あくまで一時的なものです。1年を通じて週40時間が常態化しないように注意します。

コラム　外国人のいる職場で三六協定や協定控除が効力を発揮するポイント

法定労働時間を超えた残業や、法定控除以外のお金を控除するときなど、労働条件の原則を超えた制度を利用する場合は、あらかじめ会社と従業員の代表者との間でその内容について取り決めておかなければなりません。これが労使協定です。

労使協定を結ぶときは、次の点に注意します。

①従業員の代表者の選定
②届出時期と労働基準監督署への届出の有無
③労使協定の周知

①従業員の代表者の選定

労使協定を結ぶ際の従業員の代表者は、次のような条件を持つ人です。

・その事業所の従業員の過半数を代表する者＊
・従業員を管理する立場にない者

＊労働者の過半数が入る労働組合があるときは、その労働組合。

つまり、従業員であっても、課長などの管理職は代表者とはなることができません。従業員の代表者の選び方を間違えると、労使協定が無効となることがあります。

②労働基準監督署への届出の有無

労使協定の中には、労働基準監督署に届け出なければ効力を発しないものや、効力に期間があるものがあります。

例えば、三六協定が効力を発揮するには、労働基準監督署に届けなければなりません。また、1年に1回は結び直すことが必要で、締結後1年を過ぎると効力を失ってしまいます。

反対に、賃金から控除するものを取り決める労使協定は、労働基準監督署に届け出なくても効力を持ち、変更がない限り定期的に結び直す必要はありません。

③労使協定の周知

結んだ労使協定は、職場に周知することが必要です。周知とは、理解してもらうこと。外国人がいる職場では、**労使協定書に英語や母国語を併記して、理解してもらう**ことがポイントです。

11 有給休暇を活用して柔軟な休暇制度を作る

◇日本とは異なる外国人の母国の休暇

外国人労働者の母国の風習や文化を踏まえて、**会社の休暇制度を柔軟なものに**しておきましょう。

日本では、新暦で正月を祝うのが習わしです。企業でも年末年始は一斉に休暇を取ります。しかし、日本以外のアジアでは、旧暦で新年を祝う国も多いです。このような国では年末年始が休日とはならず、旧暦の新年ごろが休日になります。例えば中国では、1月下旬ごろの旧暦正月に当たる時期を春節と呼び、春節の前日から1週間は公式の休日になります。この期間に、中国の人々は里帰りをしたり長期旅行を楽しんだりします。

一方、キリスト教圏の欧米では、年始よりもクリスマスやイースター（復活祭）に、家族や親族が集まります。

◇休暇は仕事へのモチベーションアップにも効果的

1年分の有給休暇も消化しない日本人と違って、外国人は1年に何度か長期の休暇をとる傾向があります。里帰りや長期休暇は、外国人労働者にとってリフレッシュできるいい機会なのです。休暇後は、仕事へのモチベーションも上がることでしょう。

年末年始の休暇を母国の休日に合わせて振り替える、まとまった有給休暇の申請を快く認めるなどして、外国人労働者の休暇取得を積極的にサポートしましょう。

ちなみに、有給休暇を取得する権利は、日本人労働者も外国人労働者も同じです。雇入れ日から6か月経過したときに、出勤率が全労働日の80%あれば、法定の有給休暇日数が与えられます。以後、1年ごとに出勤率が80%の従業員に、新たに有給休暇が付与されます。

12 賃金設定と支払い方法を明らかにしておく

外国人労働者への賃金の説明は、日本人労働者以上に細やかな配慮が必要です。給与の計算や控除が母国や以前の職場と違うこともあります。なぜこのような賃金設定と手取り額になるのか、具体的に説明することを心がけましょう。

◇不透明・不平等な賃金体系は早期の離職原因に

外国人であることを理由にして、日本人労働者よりも賃金額を抑えてはいけません。

実情は、日本人従業員との間に賃金格差がある会社も多いようです。このような賃金設定では、会社側は外国人従業員に対して歯切れの悪い説明しかできません。それを外国人従業員は敏感に感じ取り、不満を募らせ、離職してしまうことが多いのです。実際、日本人従業員との間の賃金格差が大きいほど、早く離職する傾向があります。

◇説明できる賃金制度をつくる

採用までにコストがかかることが、外国人従業員の賃金を抑える要因にもなっているようです。しかし同じ仕事をしていれば、日本人も外国人も関係なく同等の賃金を支払わなければなりません。

専門性や能力よりもコミュニケーション力や日本語能力を重要視しすぎていないかを見直すことも必要です。その上で、なぜこのような賃金額なのか、どういう場合に賃金がアップするのか、そのためにどんなフォローを会社は用意しているかなどを、外国人従業員にきちんと説明できる賃金制度を構築していきましょう。7章でも、賃金制度について説明しています。

◇法定控除と協定控除はていねいに説明する

日本の賃金制度では、社会保険料や労働保険料、源泉徴収税の決められた項目（法定控除）が賃金から天引きされます。この控除に外国人労働者が納得しないことがあります。社会保険や労働保険の意義（➡5章）と税金のしくみから伝えるようにします。

会社が任意で控除を決める協定控除（下の表中で解説）についても、何をどれだけ引くかを外国人従業員に説明しましょう。協定控除となる項目については、あらかじめ職場の従業員の代表と労使協定を結んでおきます。

法定控除と協定控除

●法定控除とは

法律で、給与から控除することが定められているもの。控除した保険料や税金は、会社が従業員に代わって、健康保険健組合、年金事務所、税務署、自治体に納付する。

法定控除の種類

	種類	控除額
社会保険・労働保険	健康保険料	扶養家族の分まで、従業員（被保険者）1人分の保険料
	介護保険料	40歳以上の従業員と扶養家族に対して、該当する人数分×保険料
	厚生年金保険料	配偶者まで、従業員1人分の保険料
	雇用保険料	従業員1人分の保険料
税金	源泉所得税	従業員の所得額に応じて
	住民税	従業員の所得額に応じて

●協定控除とは

法定控除以外に、福利厚生などのために会社が賃金から控除を決めるもの。会社と従業員の代表者との間で労使協定を結ぶ。

協定控除の例

- 財形貯蓄
- 団体生命保険料
- 労働組合費
- 社内預金・社宅使用料　など

4章 章末コラム

渡航費用や仮住まい料金を給与から控除できる？

外国人労働者を海外から呼び寄せる場合の渡航費用や、住居が決まるまでの仮住まい費用、また入社後も日本語習得のためにかかる費用などを外国人労働者から請求することはできるのでしょうか。

募集時や雇用契約を交わすときに、外国人労働者に負担の内容を書面で示して同意をもらっている場合は、請求が認められることが多いです。

しかし、その負担を毎月支払われる賃金から控除するときには注意しなければなりません。賃金は、全額支払うのが原則です。控除されるのは法律で決められたもの（法定控除）とあらかじめ従業員との間で合意ができているもの（協定控除）です（前のページを参照）。

したがって、給与から控除する場合は、あらかじめ従業員の代表者と労使協定を結んでから行うようにしましょう。外国人労働者からの同意を得ており、福利厚生の要素が強いとしても、労使協定を結ばないまま給与から控除するのは避けるべきでしょう。

手取り金額を提示できるグロスアップ給与計算

外国人が賃金の支払いに不満を示す理由の一つは、天引きされる金額が多いということです。社会保険料などの法定控除のほか、場合によっては協定控除で決められたものが天引きされます。「給与は○○円のはずなのに、△△円しか支払われないじゃないか」という不満が起こりかねません。

そこで、外国人にもわかりやすいグロスアップ給与計算を用いてもいいでしょう。通常の給与計算では、まず総支給額を決めて、そこから控除をします。グロスアップ給与計算では、まず従業員に支払う手取り額を決め、そこに控除される保険料などを上乗せして総支給額を決めます。これなら、あらかじめ明示された給与額が支払われると外国人従業員も納得しやすくなります。

外国人労働者は、自分に入った金額を報酬として考えるため、手取り額が明確に提示されていないと不安を感じてしまいます。他社へ転職してしまうなどのきっかけともなりかねないので、事前にていねいに説明してあげましょう。

5章

外国人雇用の労働保険・社会保険

1 従業員は必ず加入する労災保険

◇労災保険は労働者全員が加入する

労災保険（正式名称：労働災害補償保険）は、**仕事中や通勤時のケガと病気について補償する**ものです。雇用主が労働者を雇うときは、必ず労災保険に加入させます。

アルバイトなどの短時間労働かどうか、国籍はどこかも関係ありません。たとえ不法就労でも労災保険が適用されます。

経営陣は労働者ではないので、外国人を会社の代表や役員に起用する場合は加入させません。こうした扱いも日本人と同様です。

労災保険は雇用保険や社会保険と違って、労働者が保険料を負担することはありません。その点を説明してあげるとよいでしょう。

◇年度更新の手続も日本人と同じ

労災保険では、最初に労働者を雇用するときに届け出る以外は、労働者を雇用するたびに手続をする必要はありません。年に１度の年度更新で、雇用している労働者数を更新することになります。年度更新の書類では、外国人労働者かどうかの区別を記載するようなことはありません。

◇国内でしか受けられない労災給付がある

労災給付を受けている外国人労働者が母国へ帰るなどで出国する場合、受けられなくなる給付があります。また、給付の支給額や給付の基準が変わることもあります。

労災給付を受けている外国人が出国することになったら、次ページの注意点をあらかじめ伝えておきましょう。

社会保険（健康保険・介護保険・厚生年金保険）の加入要件

（A）または（B）の要件のいずれかを満たしている場合＊

（A）
所定労働時間が週30時間以上

（B）
次の要件を満たす場合

①所定労働時間が週20時間以上
②月額賃金が8.8万円以上
③1年以上の勤務期間が見込まれる
④学生ではない（ただし、夜間・通信・定時制の学生は対象になる）
⑤以下の、いずれかに該当する
　a）従業員規模501人以上の企業
　b）従業員規模500人以下の会社で、社会保険に加入することについて労使で合意がなされている

＊昼間部の留学生は加入できない
＊外国人の会社代表や役員は加入できる

ローマ字氏名届　記載例

在留カードまたは住民票に
記載されている表記に合わせます。

72073

グループ長 課長	担当者

厚生年金保険被保険者　ローマ字氏名届

年金手帳の基礎年金番号	生年月日（西暦）	性別	住民票の有無
1111 111111	1985年 12月 02日	①男　2 女	1 無　②有

被保険者氏名	
ローマ字氏名記入欄	（フリガナ）ワン　リー
	（ローマ字）WANG　L I

※「漢字氏名」「通称名」をお持ちの方は、下記の欄に記入してください（記入は任意です）。

	（氏）	（名）
漢字氏名記入欄（フリガナ）	ワン	リー
漢字氏名記入欄	王	李
通称名記入欄（フリガナ）		
通称名記入欄		

※当該被保険者がローマ字氏名をお持ちでない場合は、その理由をチェック（✔）してください。

理由記入欄
□短期在留者であるため
□海外に住所を有している者であるため
□在留カード（または特別永住者証明書）にローマ字氏名が記載されていないため
□その他　理由（　　　）

平成　年　月　日 提出

事業所所在地	〒153 － 0061 新宿区四谷〇丁目〇番地
事業所名称	ＡＢＣ株式会社
事業主氏名	代表取締役　〇〇　□□　㊞
電話番号	（ 03 ） XXXX － XXXX

社会保険労務士の提出代行者印	
	㊞

【記入上の注意】
1 「住民票の有無」欄は、該当する番号を〇で囲んでください。
2 フリガナは、被保険者資格取得届に記入したものと同じフリガナを記入してください。
3 ローマ字氏名は、在留カード若しくは特別永住者証明書又は住民票に記載されているローマ字氏名を大文字で記入してください。なお、ローマ字氏名をお持ちでない方については、「ローマ字氏名欄」に被保険者資格取得届等に記載したカナ氏名を記入のうえ、「理由記入欄」に その理由を記入してください。
4 事業主の押印については、署名（自筆）の場合は省略できます。

年金事務所 受付印　　事務センター 受付印

氏名変更の手続をするときや、国民年金第３号被保険者関係届 を出すときも提出が必要になる

7 被扶養者がいる場合の健康保険の手続

◇被扶養者の保険料は免除される

健康保険では、被保険者（健康保険の加入者）が扶養している配偶者や家族・親族は、被扶養者として被保険者と同じ健康保険に加入できます。

被扶養者は、毎月の保険料の支払いを免除されます。したがって、被扶養者が何人いても被保険者が負担する保険料額は変わりません。

被扶養者である配偶者がいる場合、その配偶者は国民年金保険の第３号被保険者となり、国民年金保険料を免除されます（**第３号被保険者制度**）。

◇扶養親族は国内居住者が原則

2020 年４月から、被扶養者は原則として日本国内に住んでいる人に限定することになりました。背景には、外国人による不正な被扶養者申告の増加があるとされています。第３号被保険者制度でも、配偶者は国内に居住していることが要件となります。

被扶養者（配偶者を含む）となる家族・親族の要件は、次のページの図の通りです。加えて、その**条件を証明する書類（在留カードなど）を提出してもらう**ことも必要となります。

日本に居住しない親族も被扶養者として認められることはありますが、その場合は一定の要件を満たす必要があります。要件は、次のページの図で確認してください。詳しくは、所属する健康保険組合（協会けんぽなど）に問い合わせてみましょう。

被扶養者となる親族の要件

(A)または(B)のいずれかを満たしている場合

(A)
日本国内に居住する者*

*住民票が日本国内にある者

(B)
日本国内に居住しない場合、
日本国内に生活の基礎があると認められる者
〈国内居住要件の例外〉

①外国に留学中
②外国に赴任中の被保険者に同行している
③観光、保養、ボランティアなど就労以外の目的で、一時的に海外にいる
④被保険者が外国に赴任中に、結婚するなどで扶養関係が生じた
⑤その他、渡航目的などの事情を考慮して日本国内に生活の基礎があると認められる場合

8 健康保険を有効に使ってもらう

◇外国人労働者に十分理解してもらう

健康保険は、民間企業で働く人とその扶養親族が加入する医療保険制度です。**仕事以外の事故や病気の治療費などの給付**を行います。健康保険が保障する範囲や内容は、従業員が日本人であろうが外国人であろうが、同じです。しかし、異なる文化や医療制度で育ってきた外国人にとって、健康保険のしくみはわかりにくいかもしれません。

日本では、大きな病気やケガをすれば病院に行き、健康保険を使って治療を受けるのが当たり前ですが、そのような考えがない国もあります。外国人が病気やケガをしたときは、健康保険を使って病院へ治療を受けに行くようにうながしましょう。ときには同僚の従業員が診察に付き添うような配慮が必要になるかもしれません。

◇健康保険証の利用法

健康保険でしっかり覚えてもらいたいのは、健康保険証の役割と使い方です。プライベートで急病や突然のケガにあい、病院に行っても、健康保険証を提示すれば、全額を自費で払うことは避けられます（保険外診療を除く）。治療費の７割を健康保険組合が負担し、被保険者と、被保険者と同じ健康保険を使う被扶養者の**治療費の負担は３割**です。健康保険証を病院で提示できずにその場で治療費を全額支払っても、後から払い戻してもらうことができます。

健康保険証は**公的な身分証明書**としても利用できます。常に携帯しておくと便利です。

◇健康保険証を紛失したときの対処法

万が一、健康保険証を失くしたり破損したりした場合は、必ず会社に再発行を届け出るようにしてもらいます。健康保険証の再発行手続は、日本人従業員の場合と同じです。

コラム　介護保険の保険料の支払いは40歳から

３か月を超えて国内に在住する外国人は、介護保険の被保険者となります。外国人も日本人と同様に介護保険料の支払いが義務付けられるとともに、介護を必要とする状態になれば介護サービスを受けることができます。

企業で健康保険に加入している外国人とその扶養親族であれば、40歳になれば給与から介護保険料が控除されます。介護保険料も会社との折半です。ただし、健康保険料と違って、扶養親族の介護保険料の支払いは免除されません。

いつ、どのようにして介護を必要とする状態になるかわかりません。介護保険に適切に加入してもらうようにしましょう。

年金保険制度の多言語案内サイト

https://www.nenkin.go.jp/pamphlet/shakaihoken.html

https://www.nenkin.go.jp/international/index.html

年金事務所では、いくつかの言語のパンフレットを用意している。多言語の説明書をインターネットなどで公開している健康保険組合もある。

9 年金保険料の払い損を防ぐ脱退一時金

厚生年金保険は、**障害状態になったときや死亡時の家族への保障**としても活用される保険。もっとも知られているのが、**65歳以上に給付される公的年金**としての役割です。

◇支払った保険料が一部返金されるしくみ

20～60歳の国内在住者であれば、誰でも厚生年金保険を含む年金保険制度の対象であり、保険料を支払わなければなりません。ただし、公的年金が支給されるには、10年以上保険料を納付していることが要件となります。国内に滞在中の外国人が公的年金の保険料を支払っても、納付期間が10年未満で母国に帰ると払い損になってしまいます。

そこで、帰国後に、支払った保険料が返還されるしくみが設けられています。保険料納付期間が６か月以上ある外国人が日本を出国し、将来も日本に戻る予定がない場合、払い込んだ保険料の納付額に応じて脱退一時金が支給される制度です。

脱退一時金を受け取ることができる外国人の要件は次の通りです。

脱退一時金を受け取る外国人の要件

- **日本国籍を持っていない**
- **国民年金や厚生年金の加入期間（保険料の納付期間）が6か月以上＊**

  ＊支払い免除期間、第３号被保険者である期間など、保険料の支払いがない期間は、納付期間の対象外
- **日本に住所を持っていない**
- **これまで、障害年金を含めて年金を受ける権利を持ったことがない**

◇脱退一時金を受け取れない場合

脱退一時金は、日本を出国して日本に住所がなくなった状態、つまり日本に住民票がないという状態にならないと申請できません。

退職したとしても、日本に住み続けるのであれば国民年金の被保険者の資格はあるので、脱退一時金を受け取る資格はありません。また、10年以上加入して日本で年金を受給する権利が発生すると、脱退一時金を受け取ることはできなくなります。

障害年金を受け取ったことがある場合も、脱退一時金を受け取ることができません。

◇脱退一時金の請求方法

脱退一時金の請求は、前ページの要件に当てはまる外国人本人が、転出日以降に、脱退一時金請求書に必要事項を記載して申請します。パスポートの写しや住民票の除票の写しなどを添付します。

原則として手続は日本を出国した後に行うことになります。

出国手続として住民票のある市区町村で転出届を出しておき、転出予定日以降に請求することが必要になります。転出予定日以降に日本年金機構に着くように郵送する方法でもOKです。

なお、脱退一時金の**申請期限は、日本に住所がなくなってから２年間**です。

◇支給額

支給額は、保険料や加入期間に応じて決まります。ただし36か月以上加入している場合は、36か月を上限として支給額を算出します。

5章　章末コラム

社会保障協定の対象になる外国人は少ないの!?

◇個々の国と社会保険の加入免除などを取り決めた協定

外国人の社会保険加入について、誤解されやすいのが社会保障協定です。

社会保障協定とは、労働保険や社会保険の加入免除などについて日本が特定の国と取り決めたものです。社会保障協定があるのは、アメリカ、韓国など17か国（2020年現在）。協定の内容は国によってまちまちです。日本での社会保険の加入期間を相手国の加入期間に組み入れる国もあれば、日本での社会保険料の支払いが免除される国、雇用保険まで調整できる国もあります。協定の内容にしたがって外国人の労働保険や社会保険の扱いを調整することになります。

◇実はとても狭い　社会保障協定が適用される要件

以上だけ見ると、社会保障協定を結んだ国から来た外国人は社会保険加入で特典があると思うかもしれません。しかし、外国人に社会保険協定が適用されるケースは実はとても狭いのです。下のような要件がそろっていなければなりません。

もともと海外の関連会社に籍を置いたまま来日し、海外の国にも日本にも社会保険料を支払う二重払いの必要が出てきた外国人を救済するために設けられた協定です。ほとんどの企業にとっては関わりの薄い制度だということを覚えておいてください。

外国人に社会保障協定が適用される要件

① 出向や転勤など、人事異動によって海外の関連会社から日本国内の会社で働いている（海外の関連会社と雇用関係を結んだまま。在留資格は「企業内転勤」）

② ①の関連会社のある国が、日本と社会保障協定を結んでいる

③ 出向期間（転勤期間）は５年未満（の見込み）

6章

ケース別
外国人労働者の雇用管理

6章
ガイダンス

外国人特有の雇用管理をチェックする

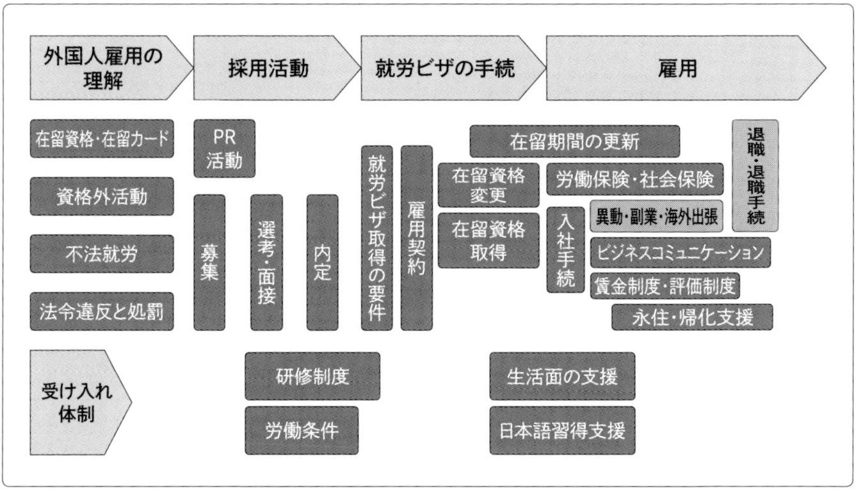

◇入管法で外国人特有の対応が出てくる

この章では、外国人従業員について、管理面で起こりやすい問題と対応策を挙げてみました。外国人労働者も、基本的に国内の労働関連法や制度の下でマネジメントを行います。ただ、入管法などに沿って対応するケースが出てくることに注意が必要です。

また、日本語を母国語としない、日本とは慣習や文化が異なる国の出身であるといった点を、マネジメントでは念頭に置くことも大切です。

◇外国人雇用管理指針を積極的に取り入れる

外国人の雇用管理については、厚生労働省が告示する外国人雇用管理指針にしたがうとよいでしょう。外国人雇用管理指針とは、外国人の採用から退職までの雇用管理について、とるべき対応をまとめたものです。外国人の受け入れが拡大する中で随時改訂されています。

外国人雇用管理指針に沿った対応をとるのは主に努力義務ですが、外国人従業員に職場で能力を発揮してもらうためにも、積極的に外国人雇用管理指針を取り入れていくことをおすすめします。詳しくは巻末の資料を参照してください。

なお、この章では、外国人雇用管理指針に書かれていない問題やマネジメントを取り上げています。

◇雇用中の問題対応はハローワークや専門家に相談

前述のように、外国人労働者のマネジメントでは、入管法などもあって対応が難しいものがあります。外国人特有の雇用管理に悩んだときは、ハローワークに問い合わせるのも一つの方法です。

最寄りのハローワークに申し込めば、外国人雇用管理に通じたアドバイザーが無料で相談に乗ってくれるようです。また、外国人雇用に詳しい行政書士や社会保険労務士など、専門家に相談に乗ってもらう体制を作ってもいいでしょう。

1 外国人に副業を認めるときは在留資格に注意

◇会社が認めれば外国人も副業ができる

副業とは、本業以外に携わる仕事のことです。以前は、ほとんどの会社が副業を認めていませんでした。今では働き方改革の一環とみなす政府の後押しもあって、副業を認める会社が増えてきています。

会社が就業規則などで副業を容認していれば、外国人を含めた従業員は副業ができます。外国人という理由で、副業を容認する対象従業員から外すことはできません。ただし、外国人は在留資格によって就労範囲を制限されることがあるので、**どのような副業をするのかを会社側が事前に確認しておく**必要があります。

◇就労ビザの活動範囲に注意

外国人従業員の副業で気を付けたいのは、持っている在留資格の活動範囲です。「永住者」などの身分系在留資格では就労の制限はありませんが、就労ビザでは就労活動に制限があります。決められた就労の活動範囲を超えた仕事を副業にすると、不法就労に当たる恐れが出てきます。

例えば、就労ビザ「技術・人文知識・国際業務」で企業での貿易業務に就いている外国人が、副業で週何日か語学学校の講師を務めるのは問題ありません。貿易業務も語学学校の講師も、同じ在留資格「技術・人文知識・国際業務」の国際分野の活動範囲内にあるからです。

しかし、昼間に高校の語学教師をしている外国人が、副業で語学学校の講師をすることはできません。なぜなら高校の教師は在留資格「教育」で、語学学校の講師は「教育」の活動範囲から外れてしまうためです。

◇資格外活動許可で活動範囲の就労が認められることも

就労ビザの活動範囲を超えて副業する場合は、資格外活動許可の申請を行います。許可された場合に、就労ビザの範囲を超えた副業をすることができます。

なお、就労ビザで副業する場合もコンビニの接客アルバイトなどの単純労働に就くことはできません。

ワンポイントメモ

副業の容認は体制を整えてから

副業の管理は意外と難しいものです。請負は別として、他の会社と雇用契約を結んだ副業の場合、日や週の法定労働時間を超えた残業代はどの雇用先が支払うか、厚生年金や健康保険の適用範囲はどうなるかといった確認事項が出てきます。また、健康管理や秘密保持は、どのような副業でも出てくる懸念点です。

副業を容認するなら、体制を整備して就業規則に定めておきましょう。副業を希望する外国人には、副業を容認するにあたっての決まりごとを説明し、理解してもらってから認めるようにします。特に、不法就労に当たる就労（➡1章）ではないかを念入りに確認しましょう。

2 異動では在留資格を確認する

◇在留資格で異動の範囲が決まる

雇入れ時に異動の可能性について同意を得ていれば、外国人従業員も配置転換などの人事異動の対象になります。ただ、前項の副業と同じく、在留資格によっては異動後の職務内容に制限があります。

在留資格が「永住者」などの身分系のものであれば、異動の範囲に制限はありません。日本人従業員と同じような異動ができます。

◇就労ビザでの異動の注意点

就労活動に制限のある就労ビザの場合は、そうはいきません。次の２点に注意して異動の範囲を決めます。

①異動後の職務が単純労働になってはいけない。

②持っている就労ビザの範囲内で職務を異動する。

◇就労ビザの活動範囲を超えてしまったら

在留資格を超えた職務の異動をすると、**不法就労に当たる恐れ**が出てきます。出入国在留管理局に異動内容を届け出る義務はないので、異動時には見過ごされがちですが、その後の在留期間更新申請で不許可となる、つまり就労ビザの更新ができないという可能性が高くなります。

こうなると、外国人従業員は退職せざるを得なくなります。会社も不法就労助長罪に問われるかもしれません。外国人と会社にとって、取り返しのつかない結果になります。

◇就労資格証明書で活動範囲内かを事前に見極める

異動が在留資格の活動範囲に収まるのかどうかの見極めが難しいときは、

事前に出入国在留管理局に相談してみるといいでしょう。

出入国在留管理局から正式な判断を受けたいなら、**就労資格証明書**（➡P110）の交付を受けることをおすすめします。異動が適当かどうか、不適当でも在留資格の変更ができるかどうかなどを見極めることができます。就労資格証明書の判断に従えば、その後の在留期間更新申請も問題なく許可されるでしょう。

◇異動による不利益に十分な配慮を

異動によって本人や家族の生活に大きな不利益が出ることにならないような配慮も必要です。例えば、来日間もない配偶者や家族を置いて遠距離に単身赴任を命じるような異動は、本人や家族の生活に大きな負担をかけるかもしれません。こういった場合、家族同伴の転勤を認めるなどの対応をとることも考えましょう。

コラム　就労ビザで働く外国人のOJTが認められる場合は？

入社時にOJT（On the Job Training）で広い範囲の業務を経験することがあります。例えば、入社後、販売業の本社に配属される前に、店舗で接客や棚卸しなどの現場作業を経験するような場合です。

就労ビザを持つ外国人のOJTに単純労働や在留資格活動範囲外の業務が含まれる場合、簡単には認められません。ただし、入社時かつ業務の習熟に必要である場合に限り、認められる可能性は高くなります。反対に、入社時以外の時期にひんぱんに実施したり、在留期間の大半を費やしたりするようなOJTはまず認められないでしょう。迷うことがあれば、管轄の出入国在留管理局に相談してみましょう。

3 外国人従業員が海外出張するときの準備と再入国許可

アウトバウンド対策で外国人を雇い入れた場合などに、海外出張をさせる機会が多く出てきます。この場合の注意点を挙げてみましょう。

◇海外出張と海外赴任の違い

滞在期間の長さ、日本の会社からの指揮・命令がどの程度及ぶかによりますが、海外出張と海外赴任に明らかな区分があるわけではありません。強いて言えば、日本の会社で**所属する部署も変わらずに、短い期間海外に滞在して仕事をする場合が海外出張**です。対して**海外赴任**は、海外に滞在する期間が長くて赴任先に関連する現地法人があり、**日本の会社の指揮命令下から独立して活動することが多い**場合です。ここでは主に、海外出張のケースで見ていきます。

◇海外出張前の準備

母国への出張を除いて、３か月以上出張先に滞在する場合は、その国に滞在するための在留届を出さなければなりません。その国に応じた在留届の手続を行います。

査証（ビザ）発給の手続は、日本国内にあるその国の大使館や領事館で手配をしておきます。その国の伝染病情報を大使館や外務省のHPなどで調べて、必要であればかかりやすい伝染病の予防接種を受けておきます。

◇労働保険・社会保険の扱い

外国人従業員があくまで日本の会社に籍を置いたまま、その会社の指揮を受けながら労働の提供を海外で行っているだけなら、労働保険はそのまま適用されます。

雇用保険と、社会保険（健康保険、厚生年金保険）についても、基本的に日本の保険に加入したままで働きます。海外で業務外で治療を受けたようなときは、健康保険の海外療養費が支給されます。

ただ、海外の関連する事業所に出張し、そこから指揮を受けるような雇用関係にある場合、その国の保険に入る必要が出てくることがあります。日本と社会保障協定（➡P180）を結んでいるかどうかにもよります。

なお、1年以上の長期の海外赴任を続けると、日本国内では住民票のない非居住者扱いになります。そうなると、介護保険の保険料支払いは適用除外とすることができます。適用除外とするには、出張前に年金事務所への届出が必要です。

◇在留資格が無効にならないみなし再入国許可と再入国許可

出国の日から1年以内に日本に戻り、今持っている在留資格の活動を続けるのなら、入国・上陸手続を簡略化できるみなし再入国許可という制度を利用します。出国時に、空港でみなし再入国許可の手続をします。手続で提示するものは、パスポートと在留カードで、その場で発行される再入国許可証はパスポートに貼付されます。ただし、再入国する期限は在留期限までです。

出国している期間が1年を超える場合や、在留資格の期限が残り3か月以内の場合は、みなし再入国は許可されません。出国前に、あらかじめ出入国在留管理局で再入国許可の手続をして、パスポートに再入国許可証を貼ってもらわなければなりません。

みなし再入国であれ、再入国であれ、出国するときに許可を得なければ、出国と同時に外国人の持つ在留資格は無効となります。再度日本に入国するときは、あらためて査証（ビザ）の申請、就労ビザなどの取得手続を経なくてはなりません。

4 外国人の雇用契約期間で注意すること

外国人を有期雇用契約で雇い入れる場合のルールは、日本人の場合と同じです。有期雇用契約を含めた非正規労働者の雇用制度は、近年、大きな改正が行われています。内容を確認しておきましょう。

◇契約更新時の注意

外国人と有期雇用契約を結ぶ場合は、在留期間に合わせて更新を行うケースが多いようです。在留期間に合わせなくても問題はありませんが、契約更新を何回も繰り返すと無期雇用契約とみなされる恐れがあります。

なお、有期雇用契約の更新が１回以上行われ、かつ契約期間が通算５年を超えた場合、従業員から無期雇用契約への申込みがあれば会社は承諾しなければなりません（無期雇用契約への転換ルール）。

◇同一労働・同一賃金制度を整備する

大企業は2020年４月から、中小企業は2021年４月から、同一労働同一賃金の制度が導入されます。これは、有期雇用や短時間勤務を理由に正社員との待遇に差をつけることを禁止するものです。

有期雇用の従業員でも、正社員と同じ職務や責任を担っていれば、賃金・福利厚生・教育制度において正社員と同等の待遇をしなければなりません。また、職務や責任の範囲が異なる場合でも、待遇の差は合理的なものでなくてはなりません。

有期雇用の外国人従業員についても、母国語やわかりやすい日本語で雇用のルールを整備しておき、賃金などの待遇について相談があったときは、説明できるようにしておきましょう。

5 外国人の退職事由にはどんなものがあるか

◇不法な滞在や在留資格取消処分で退職に

外国人従業員の退職事由が日本人従業員と異なるのは、在留資格に関係することです。不法就労が発覚した、在留資格が更新できなかったというように、日本国内に滞在する資格を持たない外国人を働かせることはできません。働かせた雇用主側も不法就労助長罪などに問われます。

外国人従業員が**不法就労**や**在留資格取消処分**となったときは、退職となります。

◇家族の不法滞在で退職に至ることも

外国人従業員の家族が資格外活動違反で在留資格を取り消された、在留資格の更新をせずに国外退去処分になったというケースでは、本人も連帯責任で国外退去となることがあります。このような場合も、雇用を続けることはできず、退職となります。

コラム 日本人と同様に解雇は難しい

外国人を解雇するには、どのようなケースがあるのでしょうか。外国人労働者にも、労働基準法をはじめとした日本の労働関連法が適用され、解雇をするには高い壁があります。

解雇には、客観的に合理的な理由が必要です。例えば、「日本語がなかなか上達しない」といった理由では、どれくらい上達が遅いのか、仕事でどの程度の日本語能力が必要かといったことをデータなどで立証できないと、解雇は難しいと言えます。

6 退職時の手続の３つのパターン

◇退職後の予定を聞く

退職が決まった外国人には、退職後の予定を聞きます。退職後の予定によって、準備する書類やサポートが違ってくるからです。

退職後には大まかに次のような予定があると思います。

１）母国に帰るなど、出国する。

２）国内の別の職場への転職が決まっている。

３）国内にとどまる予定だが、転職先が決まっていない。

１）母国に帰るなど、出国する

外国人が出国する予定で、健康保険の脱退一時金（➡P178）の支給対象になる場合、申請方法などを伝えましょう。

２）国内の別の職場への転職が決まっている

次の職場に就職する際に在職証明書（➡P88･90）が必要になることがあります。外国人従業員の求めに応じて、在職証明書を交付します。

３）国内にとどまる予定だが、転職先が決まっていない

●失業給付に必要な書類を準備

雇用保険に１年以上加入している場合は、失業給付の対象になります（➡P171）。本人の希望を聞いて失業給付に必要な書類を用意します。

失業給付の手続には、離職票のほか、加入時に交付される雇用保険被保険者証、在留カードや写真が必要です。失業給付は、会社都合退職（契約期間満了での退職なども含む）なら申込み後１週間程度、自己都合退職なら３か月程度待ってから給付されること、失業給付が終わる前に再就職すれば**再就**

職手当が出ることを伝えておきましょう。

ただし、後述するように失業中に在留資格に応じた活動をしていないと在留資格取消処分となります。

●在留資格取消処分に注意

一定期間、在留資格に応じた活動をしていないと在留資格取消処分となり、出国しなければなりません。例えば、就労ビザ「技術・人文知識・国際」では、３か月間活動していないと在留資格取消処分の対象になります。在留資格に応じた再就職ができるように、企業もサポートをしてあげましょう。

ワンポイントメモ

就職活動のための在留資格

退職後も日本で働くことを希望しているが、再就職先が見つからない……。このような場合、在留資格を「特定活動」に変更して、就職活動をするという方法もあります。できるのは、「技術・人文・国際分野」から「特定活動（就職活動）」への変更で、在留期間は６か月間です。ただ、この在留資格はいつでも認められるわけではありません。事業縮小のために希望退職者を募った場合など、会社都合の退職だと認められやすくなります。

◇いずれにも共通する手続

退職後の予定がなんであれ、共通して行う事務手続があります（次ページ表）。大半は日本人従業員の場合と同じですが、外国人特有の記載があるものに注意しましょう。

外国人従業員が退職してから、雇用保険は退職日の翌日から10日以内、社会保険は５日以内に資格喪失の手続を行います。これは日本人従業員の場合と同じです。

外国人従業員が雇用保険に加入していない場合、外国人雇用状況届出書をハローワークに提出します（➡P169）。雇用保険に加入している場合は、資格喪失の手続と同時にこの届出をしているものとされます。また家族の分も含めて健康保険被保険者証を回収します。

外国人本人は、退職後14日以内に出入国在留管理局に所属（契約）機関に関する届出をしなければなりません。この届出を忘れないようにと退職時に伝えておきましょう。

◇退職届を提出してもらう

退職では、次のページのような退職届を提出してもらいましょう。お互いに合意を得て退職に至ったという証明にもなり、後々のトラブルが少なくなります。

あらかじめ会社側で作成しておき、署名をするだけで済むような形式の方が外国人にとっても都合がいいでしょう。退職届は、外国人従業員がわかるような、やさしい日本語、英語、母国語などを併記するようにします。

退職時の手続（退職後の進路にかかわらず共通して行うこと）

	手続内容	どこに・誰に	いつまでに
会社が行うこと	□雇用保険被保険者資格喪失届	ハローワークへ	退職日の翌日から10日以内
	□外国人雇用状況届出（雇用保険に加入していない場合）	ハローワークへ	退職日の翌月の末日まで
	□健康保険・厚生年金保険被保険者の資格喪失届	健康保険組合または年金事務所に	退職日の翌日から5日以内
	□健康保険被保険者証の返還	健康保険組合または年金事務所に	資格喪失届に添付
	□住民税の給与所得者異動届（特別徴収をしている場合）	住民税を納める市区町村へ	退職日の翌月10日まで
	□源泉徴収票の発行	本人へ	退職後1か月以内
外国人本人が行うこと	□健康保険被保険者証の返還	会社へ	退職時に
	□所属（契約）機関に関する届出	出入国在留管理局へ	退職後14日以内

ワンポイントメモ

退職後の連絡先を聞いておく

退職後も、送付する書類があったりと、元外国人従業員に何かと連絡をとる必要が出てくるかもしれません。退職後の住所や電話番号を事前に聞いておきましょう。

退職届の書式例

発行日（Date of Issue）　２０２０年（Y）　１０月（M）　１日（D）

退職届（Resignation letter）

氏名（Name）	Thomas　Williams
フリガナ（Ruby）	トーマス　ウィリアムズ
退職日（Date of Resignation）	２０２０年（Y）　１０月（M）　３１日（D）
退職理由（Reason for Resignation）	■ 自己都合（Voluntary quit） □ 会社都合（Involuntary retirement） 詳細（Describe details）

上記記載の事実を証明します。
(I hereby certify that the above statement is true)
署名（Signature）

①退職について双方が合意した日を記入します。

②会社都合による退職は、失業保険給付でも優遇措置があります。

③本人に自由に書いてもらいます。

6章　章末コラム

外国人雇用でテレワークが広がる!?

◇外国人はテレワークに慣れている

新しいワークスタイルとして、政府も推進しているテレワーク。折しも2020年の新型コロナウイルスの流行で、テレワークを導入する企業が急増しました。国内外の外国人をテレワークで雇用する動きは、今後増えていくのでしょうか。

実は、外国人にとってテレワークは日本人よりも身近なものです。広大な土地、交通機関が整備されていないといった環境下で、以前からリモートでのビジネスコミュニケーションは日常的に行われていました。

コロナ禍では、日本の出入国が一時遮断され、日本に就職するのに入国できない、母国に帰るのに出国できないという問題が起きました。テレワークでは、このような移動にともなうトラブルは起きません。

◇経営上の課題をクリアすれば雇用の広がりも

メリットも大きいテレワーク。ただし、テレワークを前提として外国人を雇用するには、注意も必要です。特に、母国に居住させたまま外国人を雇用するような場合は、現地法人の設立の有無、雇用制度の見直し、セキュリティーの整備など、経営上の判断が必要になってきます。

こうした問題をクリアして、優秀な外国人に母国に住みながらにして活躍してもらう、国をまたいでチームで仕事をする会社が増えていく可能性は大いにあると思っています。

◇テレワークの効率性を十分に生かす

国内でも、テレワークを歓迎する外国人が多い一方で、テレワークの効率性が十分生かされていないという声も確かにあります。例えば、自分に関係のないリモート会議まで出席しなければならない、一斉参加のリモート朝会はかえって働くリズムが乱れる、などです。

テレワークで外国人に魅力を感じてもらえるかどうかは、テレワークと相性が良く、外国人も親しんでいる成果主義、自律的な働き方を、どのように取り入れていくかにかかっているかもしれません。

7章

外国人従業員が活躍するキャリア支援

7章
ガイダンス

外国人が長く働き続けるために会社にできることを考える

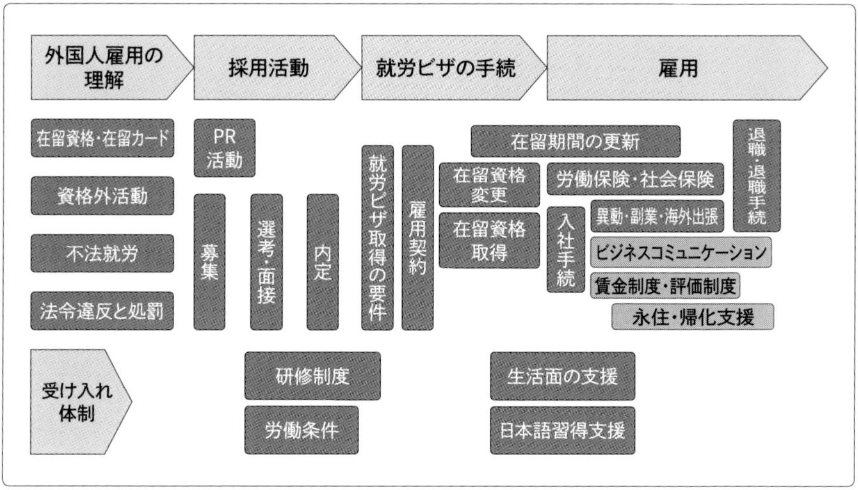

◇外国人労働者のキャリア支援のポイント

この章では、外国人労働者が日本国内で継続的なキャリアを築いていくために、会社ができることを考えてみたいと思います。

キャリアの語源は、ラテン語の「carrus（車輪の付いた乗り物）」で、そこから「車輪の通ってきた跡（轍・わだち）」という意味が派生したと言われています。つまりキャリアとは、単に仕事の経歴を意味するのではなく、人がたどってきた道筋や生き方全体を示すものといえます。このように考えると、社内の外国人従業員のキャリア支援では、働くことや地位や報酬以外にも、外国人本人が歩んできた道を尊重した上で、これから**どのような生き方を望んでいるのかを確認していく**ことがポイントだといえるでしょう。

◇外国人特有の課題を解決する

国内で働くにあたって、外国人特有の課題があることに留意してください。まず直面するのが、職場環境の課題です。上司がわかりやすい指示を出さない、職場で交わされる日本語が難しいという悩みを抱える外国人労働者は多いことがわかっています。

キャリアパスや、人事評価、賃金のしくみが明確に示されていないことも、外国人にとっては大きなストレスになります。また、長期的なキャリアを作るときに、高い壁となるのが在留資格です。

会社として、こういった課題を取り払うためにどのようなサポートができるかを考えなくてはなりません。4章で示した受け入れ対策とともに、サポート制度を整備していきましょう。

日頃から、外国人従業員と信頼関係を作っておくことも大切です。経営者や上司は、率先して外国人従業員や部下の母国の文化を学び、理解に努めましょう。何か困ったことはないかと聞くなど、日頃の配慮を忘れないでください。

外国人労働者が直面するさまざまなキャリアの課題

職場環境の課題

・言葉、文化の違いなどで、コミュニケーションがとりにくい
➡P202

・難しい日本語でのコミュニケーションで生じる不便や誤解
➡P204

風土・制度面の課題

・明示されないキャリアパスに不安と不満
➡P200

・合理的ではない人事評価と賃金のしくみに不安と不満
➡P206

在留資格の課題

・就労ビザは、在留期間、就労範囲に制限がある
➡P211

1 キャリアパスを明確にする面談とロールモデル

◇キャリアパスが見えない

外国人が突然辞めて帰国してしまう、早期に転職してしまうといったトラブルは絶えません。背景には、ガイダンスでも触れたように、外国人ならではの事情や理由があります。その一つとして挙げられるのが、会社でのキャリアプランが描けないというものです。

もともと外国人はキャリア志向が強く、優秀な人材ほどスキルアップのために転職をします。しかし、単に「この会社では自分が将来も働いている姿が見えない」という理由で退職する場合、会社の対応次第ではもっと長く働いてもらう道があったかもしれません。実際、外国人に長期的なキャリアパスを示していない会社は多く、この点を改善していたら双方にとって不本意な離職を防ぐことができたケースは多いのです。

◇キャリア面談を行う

半年に１回、少なくとも１年に１回は、会社と外国人従業員との間で、キャリア面談を実施します。

キャリア面談では、本人が希望する将来的な業務や配属先、現在行っている仕事の意義などを説明して仕事への理解を深めてもらうようにするとよいでしょう。将来のキャリアパスや給与の昇給ルートなどを確認することで、会社への信頼を高めることができます。

また、会社側も「こんな風に働いてほしい」ということを明確に示します。別の項（➡P209）で示すように、評価シートを交えて人事評価とともに行うのも効果的です。

面談の際は、こちらの意向を伝えることも重要ですが、聞き上手にもなりましょう。外国人従業員の話もよく聞きましょう。どんなことに困っているか、どんな要望があるかを聞きます。何より話の内容を理解していることを示していきましょう。

キャリア面談を実施する際は次のポイントをおさえましょう。

① この会社でどんなキャリアを築きたいのかを確認する。
② ①はどれほど、達成されているか、不安要素などもすくいとる。
③ 残業は多くないかなど、雇用体制の不安要素も含めて聞き取る。
④ 会社側のキャリアパスを明示する。
⑤ 在留資格の就労制限があることを踏まえて、（説明して）話をする。

◇ロールモデルを育成する

外国人従業員の中にキャリアを実現している先輩がいれば、後に続く外国人従業員にとっても職場でのキャリアが描きやすくなります。

このようなロールモデルとなる外国人従業員をすぐに育成するのは難しいかもしれません。試行錯誤はありますが、見込んだ外国人従業員を責任のある役職に抜擢するなど、思い切った登用をしていきましょう。

ワンポイントメモ

外国人の声をヒントに制度の見直し・導入を

面談の中で外国人従業員の不安をすくい取り、制度を見直していくことも考えましょう。導入していきたい制度の例を挙げます。

①**各種研修の整備**：管理職に対するマネジメント講習、セクハラ・パワハラ講習など

②**労働条件の整備**：給与・昇給条件の見直し、インセンティブ導入、新たな福利厚生制度の導入など

③**従業員同士の意見交換ができる場づくり**：上司との個人面談、匿名の意見箱の設置など

④**従業員の成長を支援する教育制度の強化**：資格取得の支援、社内公募制の導入など

2 上司が気をつけたい部下とのコミュニケーション

◇外国人の部下に歩み寄りを

ビジネスコミュニケーションでは、「郷に来るなら郷に従え」のような考え方で接すると、外国人従業員に過度なストレスを与えてしまいます。上司にあたる人は、外国人の部下に歩み寄る姿勢を意識しましょう。言葉の壁を考慮して、悩みや不満を抱えたままにしていないかなどにも気を配り、安心して十分なパフォーマンスを発揮できる環境を作ります。

◇あいまいな指示を避ける

「なるべく早めに」「できればやって」など、日本語ではあいまいな表現が多用されます。日本人であればだいたい察しがつきます。しかし、外国人には加減がわからず、とまどってしまうことがあります。外国人に仕事の指示を与える際には、あいまいな表現は避けて「○日までに仕上げて」「これが終わったら、その業務に取りかかって」などと、**明確に指示を出しましょう**。

指示を出すときは、**なぜ行うのかという理由を説明する**のも効果的です。仕事への理解が深まり、自ら行動することも増えるでしょう。指示の際、ジェスチャーを交えるのもよいでしょう。一生懸命伝えようとする姿勢に相手は好感を持ち、素直に指示を受け入れてくれるようになるものです。

◇しかるときの注意点

指示に従わないときなど、しかる場面も出てきます。外国人労働者をしかるときは、次の３つの配慮をしましょう。

①人前でしからない

その人のプライドを傷つけることになるため、決して人前でしかってはいけません。周りに人がいるときは、別室に移動してから注意するようにしましょう。

②しかる基準を日本人と同じにする

しかる基準を、外国人従業員も日本人従業員も同じにします。「自分が外国人だからしかられる」と感じさせないように配慮します。

③しかるのに、時間をかけない

ネチネチとしかり続けても効果はありません。それよりも、何がしかる要因となっているのかを簡潔に伝えましょう。

しかった後は、間違いの事実を相互に確認して、対応策をレポートで提出してもらうなど、同じ過ちがおきないように行動と意識の改善をうながします。

また、外国人は謝罪に日本人とは違う価値観をもっていることがあります。「謝る」は「責任を取る」と同じ意味だととらえ、本人のミスが明らかでも、警戒してなかなか非を認めようとしないことがあります。このような場合は、無理に謝罪を求めないようにします。

◇「ホウ・レン・ソウ」を理解してもらう

「報告、連絡、相談」をする「ホウ・レン・ソウ」は、連携プレーや仕事の経過を重視する日本の商習慣では大切なビジネスルールです。

しかしこの「ホウ・レン・ソウ」は、個人で仕事を進め、成果・結果を重視する傾向の強い外国人には、あまりなじみがありません。そのため、外国人従業員に仕事の進捗や課題の説明をその都度求めると、「自分は業務能力がないと思われているのでは」と疑われることがあります。こうなると、その従業員との間に十分な信頼関係を築けません。

研修などを実施して、日本の商習慣とともに「ホウ・レン・ソウ」の意味と効率性を理解してもらいましょう。

3 やさしい日本語を使うよう工夫する

◇難しい日本語はトラブルや事故の元になる

日本語は、世界でも有数の難しい言語のひとつと言われています。にもかかわらず、日本人は外国人に対して、日本人と同じレベルの日本語を使うように、暗に求める傾向があります。

日本語の指示が難しくて理解できない、日本語のマニュアルを読んでもわからないといった悩みを抱えて働く外国人労働者は、実は非常に多いと言われています。職場内でこのような問題を放置していると、さまざまなトラブルや取り返しのつかない事故の起こる可能性が高くなります。

◇日本人にもある！ やさしい日本語を使うメリット

ビジネスの場でこそ、日本語のハードルを下げることを意識しましょう。誰にでもわかるやさしい日本語を使うのです。やさしさの目安は、小学校低学年の子どもにもわかるような日本語と考えていいでしょう。地方自治体などでは、すでに「やさしい日本語」を使った情報を、多言語対応サイトなどで発信しています。

実のところ、やさしい日本語は、日本人同士でも誤解や摩擦が起こりにくいのです。外国人従業員への配慮だけではなく、職場全体のビジネスコミュニケーションを円滑にするために、やさしい日本語を活用していきましょう。

次のページに、やさしい日本語の例を紹介します。外国人が混乱しやすい日本語例も挙げます。意味がまぎらわしくて**外国人が混乱しやすい日本語は、ビジネスシーンでは使わないようにします。**

やさしい日本語の例

- **主語を省略しない**
  例:「私は～をする」「あなたは～だ」
- **ゆっくり話す**
- **一文一文簡潔に話す**
- **難しいことばを避ける**
  ×腹痛がする　○お腹が痛い
- **敬語を使いすぎない**
  ×恐れ入りますが、書類を持ってきていただけないでしょうか」➡○「書類を持ってきてください」
- **二重否定の表現を使わない**
  ×「行きたくないわけではない」➡○「行きたい」

外国人が混乱しやすい日本語例

- **「すみません」**
  謝罪のほか、感謝、気づかい、声をかけるときなど、さまざまな意味で使われる。
- **「できたら～」**
  可能を表す場合と、業務などが終わったことを意味する場合がある。
- **「ちょっと～」**
  例えば「ちょっとできない」という言い方は、「できない」という意味。でも、「ちょっと」は少しという意味なので、外国人は「少し(難しいけど)できる」と解釈してしまう。
- **たぶん・おそらく**
  例えば、「たぶん(おそらく)合っている」は、「合っている」の意味合いが強い。しかし、外国人は合っているのか間違っているのか迷う。
- **命令形「～しろ」・禁止形「～するな」**
  命令形や禁止形の日本語を学んでいない外国人も多い。こう言われるとどうすればいいかわからなくなる。

ワンポイントメモ

仕事の指示では、擬音語・擬態語を使わない

動物の鳴き声などを表した擬音語(「コケコッコー」など)や、状態・動作を表現した擬態語(「ニコニコ」「こっそり」など)。フランス語ではオノマトペと言いますが、日本語の独自のオノマトペは3000語と数も多く、外国人には理解が難しい言葉です。外国人への仕事の指示では、オノマトペを使わないようにしましょう。

4 外国人従業員にも理解できる賃金制度・人事評価制度の作り方

◇日本の人事評価制度・賃金制度は外国人にはわかりにくい

ビジネスにおいて、外国人は成果主義をとる傾向が強いです。つまり、企業から何を期待され、どの程度応えることができたかといった成果や評価をとても重視します。また、自分のキャリア発展や自己成長を求めます。

その点、日本の企業に多い年功序列制度では、評価システムが成果にもとづいておらず、評価基準もあいまいです。これにとまどい、モチベーションを下げて離職する外国人労働者は多いのです。

日本の一般的な賃金制度も、外国人にはわかりにくいものです。基本給以外にもさまざまな手当で構成され、手当を支給する趣旨があいまいなものも多くあります。

◇働き方改革にも対応する　人事評価制度・賃金制度の見直し

自社の評価制度、賃金制度を外国人従業員に説明していくことは大切ですが、一方で、評価基準や手当の支給基準を明確にして、外国人が納得できる制度を取り入れることも重要です。

実はこのように制度を変更することは、働き方改革の一環として始まっている同一労働同一賃金ルールへの対応としても有効です。昔ながらの評価制度、賃金制度を続けている企業にとっては、遅かれ早かれ着手すべき制度変更なのです。

◇人事評価・賃金体系の真の意義とは

どのように人事評価や賃金体系を変更すればいいのでしょうか。次のページとP208～210のように、賃金制度と人事評価制度のモデル例を挙げています。不明瞭になりがちな職務や職能などの評価を見える化して、基本給に反映させたものです。シンプルで、中小企業にも作りやすいモデルです。

人事評価や賃金体系でもっとも大切なのは、その制度を外国人従業員だけではなく、全従業員に説明して納得してもらえることです。評価について、従業員と腹を割って対話をすることが重要なのです。

人事担当者や企業トップは、半年に１回、最低でも１年に１回は、P210の評価シートを前に、外国人を含む従業員たちと面談することをおすすめします。

賃金制度のモデル

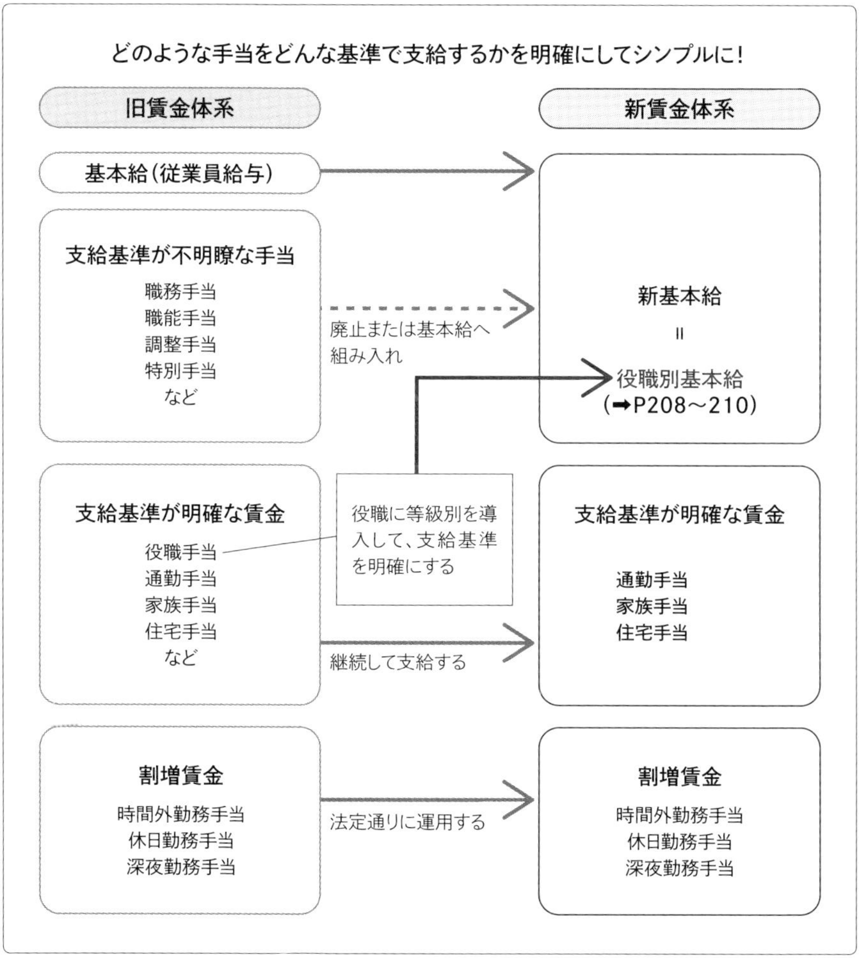

人事評価制度　構築の流れ

4つのステップで人事評価制度を構築します。

STEP1

業務のたな卸しと改善を図る

・業務のたな卸し…どんな業務があるか現状を知る

・業務の見える化…業務名・内容・標準的な処理時間を設定する

・業務改善…………ムダな業務、ムラのある工程、ムリな人員や処理時間を見直して、生産性を向上させる

STEP2

役職等級の区分を決める。4段階（Ⅰ等級〜Ⅳ等級）（P209参照）

Ⅰ等級　見習い（アシスタント）

Ⅱ等級　担当職（スタッフ）

Ⅲ等級　指導職（リーダー・インストラクター）

Ⅳ等級　管理職（マネージャー）

STEP3

等級ごとの業務の評価シートを作成する（P210参照）。
評価区分を決める（A〜C）

A　良い（good グッド）

B　普通（average アベレージ）

C　悪い（bad or poor バッドまたはプア）

・STEP1でたな卸しをした業務を評価項目にする。

STEP4

等級ごと（Ⅰ〜Ⅳ）の賃金範囲を決める（範囲給）

人事評価を行う。

・評価シートで出した評価をもとに、役職別基本給を決める。

役職別基本給賃金表のモデル

①役職、ランク（４段階）、範囲給を設定。ランクごとの賃金範囲を決定する。
例えば、等級Ⅱのスタッフでは、賃金範囲を250,000円～350,000円に設定。その中でもランクアップごとに、＋25,000円を設定します。

ＡＢＣ株式会社　　役職別基本給賃金表　（営業部門）

等級	役職・期待する役割	ランク	範囲給（円）	評価事項
Ⅳ	マネージャー （斯待する役割） 顧客や他部門の実務責任者と円滑な作業進捗に向けた各種の交渉や調整を行う。	①	750,000 ～ 450,000	部門全体の目標が達成されている
		②		模範となるような仕事ぶりであった
		③		評価項目の内容が標準的にできていた
		④		評価項目の内容ができていなかった
Ⅲ	リーダー （期待する役割） グループを率先してリードし、メンバーの士気を積極的に高める。	①	480,000 ～ 320,000	1つ上の等級内容の仕事ができていた
		②		模範となるような仕事ぶりであった
		③		評価項目の内容が標準的にできていた
		④		評価項目の内容ができていなかった
Ⅱ	スタッフ （期待する役割） メンバーに対して、計画的な作業準備や段取りを推進する。	①	350,000 ～ 250,000	1つ上の等級内容の仕事ができていた
		②		模範となるような仕事ぶりであった
		③		評価項目の内容が標準的にできていた
		④		評価項目の内容ができていなかった
Ⅰ	アシスタント （期待する役割） 顧客や他部門の実務担当者と作業内容に関する基本的な打合せや調整を自ら行う。	①	280,000 ～ 200,000	1つ上の等級内容の仕事ができていた
		②		模範となるような仕事ぶりであった
		③		評価項目の内容が標準的にできていた
		④		評価項目の内容ができていなかった

②例）P210の評価シートから、従業員　劉　黄さんの評価は等級Ⅱのランク②。この評価に該当する300,000円が劉さんの今期評価期間における役職別基本給となります。

評価シートのモデル

①業務のたな卸しをして評価項目を作成します。

②②従業員にも自己評価してもらうのがポイント。本人が別紙に記入した自己評価を転記します。

③総合評価を行って役職別基本給賃金表から役職別基本給を決定します。
II等級　スタッフ②
役職別基本給：300,000円
（会社評価Ａ７個）

ＡＢＣ株式会社　　評価シート　営業部門　　評価者：佐藤　一郎（部長）

被評価者氏名：劉　黄　　評価期間（令和〇年〇月〇日～令和〇年〇月〇日）

総合評価（役職別基本給賃金表）：スタッフ　ランク②（会社評価Ａ７個　役職別基本給：300,000円）

①　会社評価Ａ10個以上　②　会社評価Ａ７個以上　③　会社評価Ａ５個以上　④　会社評価Ａ５個未満

評価区分　Ａ　良い（good）・Ｂ　普通（average）・Ｃ　悪い（bad）

業務	評価項目	自己評価			会社評価		
		A	B	C	A	B	C
営業実務	1. 有効なプレゼンテーションができる。	○			○		
	2. 他社の商品・サービスとの比較、分析ができる。		○			○	
	3. 顧客の新たなニーズを引き起こすことができる。	○			○		
	4. 返品、値引き及び交換などスムーズに処理できる。			○			○
社内 チームワーク	1. 正確にホウレンソウ（報告・連絡・相談）をしている。	○			○		
	2. 職場の同僚等と本音で話し合える人間関係を構築している。		○			○	
	3. 自分の意見や主張を筋道立てて相手に説明している。	○			○		
	4. チームプレーを行う際には、仲間と仕事や役割を分担して協同で取り組んでいる。		○				○
顧客・取引先との折衝	1. クレーム・トラブルへの迅速な対応		○			○	
	2. アフターサービス情報の整理	○			○		
	3. 関連部門との調整	○				○	
	4. 人的ネットワークを積極的に広げている。	○					○
成果の追求	1. 困難な状況に直面しても真摯かつ誠実な態度で仕事に取り組んでいる。	○			○		
	2. 優先順位を適切に判断している。		○				○
	3. お客様から要望を受けた場合には速やかに行動に移している。			○			○
	4. 顧客へ商品に対する新たな情報を提供を行っている。	○			○		
合計		9	5	2	7	4	5

（改善点、判断理由、ランクアップのための取組、その他の事項）

④Ａランクになっていない項目、自己と会社との間で評価に開きがある項目を確認して必要があれば面談で話し合います。

5 永住権取得と日本への帰化要件

◇在留資格の就労制限をなくす永住権取得と帰化

外国人労働者が日本で長く働こうとするときに、壁になるのが在留資格です。就労ビザは在留期間の更新が必要で、就労範囲も制限されています。

この壁を取り払う策のひとつが永住権取得や帰化をすることです。どちらも就労制限がなくなり、幅広い業務に携わることができるようになります。実際、日本で長く働こうと決めた外国人の多くが、永住権を取得するか帰化する道を選んでいます。

◇永住権と帰化の違いは

永住権とは、現在の国籍のまま在留資格「永住者」を得て、在留期間の制限なく**日本に住み続けることができる権利**です。失業や離婚などで在留資格を失う心配もありません。日本での社会的信用が上がり、住宅ローンなども借りやすくなります。

帰化とは、出身国の国籍を失う代わりに**日本国籍を取得**して日本人になることです。日本人と同じ扱いになるため、在留資格更新手続のわずらわしさから解放されます。

◇永住・帰化を意識したキャリアパス

永住や帰化には、「10年以上」「５年以上」「３年以上」など一定の滞在年数や就労年数を経ることが要件になっています。企業では、これらの年数要件を意識しながらキャリアパスを作成してあげましょう。

外国人特有の事情を理解してキャリアパスを支援していくことで、企業への定着をうながすことができます。

◇要件をクリアするために日々の生活に気をつける

下に永住権取得の要件を、次のページに帰化の要件を挙げています。どちらの要件も簡単とはいえません。自国の国籍を持ったままという利点があるので永住権の取得を希望する外国人は多いのですが、居住期間の長さや社会保険の納付状況などの審査が厳しくなっています。意外とハードルが高いため、やむをえず帰化を選択するケースもあるようです。

永住権取得や帰化には、家族も含めて**日々の生活に気を配る**よう、会社からも説明してあげましょう。

永住権取得のための3つの要件

永住権取得のための要件は次の3つです。

①素行要件　②独立生計要件　③国益適合要件

①素行要件～素行が善良であること

日本の法律を守って、社会的に非難されることのない生活を営んでいることが要件。刑事罰以外にも、車のスピード違反や飲酒運転といった違反歴なども確認する。扶養している家族に資格外活動違反（➡P63）があっても永住要件に影響する。

②独立生計要件～独立して生計を維持できる技能や資産があること

日本社会の負担にならずに、将来的にも独立して安定した生活を送る力があるかが考慮される。生計維持力は世帯全体で見る。世帯で相当な収入があれば問題ない。

③国益適合要件～日本の国益と適合していること

引き続き「10年以上」日本に住んでいて、そのうち「5年以上」仕事をしていなくてはならない。そのほか、在留期間が最長になっているか、納税や社会保険への加入など公的な義務を果たしているかなどが考慮される。

帰化するための7つの要件

帰化をして日本国籍を取得するための要件は次の7つ。

①住所要件　②能力要件　③素行要件　④生計要件　⑤国籍喪失要件
⑥思想要件　⑦日本語能力要件

①住所要件

引き続き「5年以上」日本に住んでいて、そのうち「3年以上」仕事をしていなくてはならない。

②能力要件

帰化をするには20歳以上でなければならない。両親と一緒に申請する場合は、20歳未満でも認められることがある。

③素行要件

納税や社会保険への加入など、公的な義務を果たしていることや前科などがないことが考慮される。

④生計要件

日本社会の負担にならずに将来的にも独立して安定した生活を送る力が考慮される。生計維持力は世帯全体で見る。世帯で相当な収入があれば問題ない。

⑤国籍喪失要件

日本は二重国籍を認めていない。日本の国籍を取得した場合、元の国籍を喪失することが要件になる。

⑥思想要件

政治目的のために暴力を行使するテロリズムなどの危険な思想をもっていないかが考慮される。

⑦日本語能力要件

必要な日本語能力は、小学校3年生程度と言われている。日本語能力試験で3級程度を取得していればまず問題ない。

7章　章末コラム

外国人に選ばれる会社、暮らしやすい多文化共生社会へ

◇ライフキャリアを支援する

ライフキャリアという言葉を聞いたことがあるでしょうか。働くというキャリアだけでなく、家庭や地域との関わり、趣味などの日々の生活や社会的活動を含めたその人の生き方全体のキャリアを指します。自社の外国人従業員にできるだけ長く会社に親しんで働いてもらうには、社内での雇用管理やキャリア支援だけでなく、その人のライフキャリアをサポートしていくことが大切になります。

そのために、働く以外に日本で暮らしていく楽しみや意義を見出してもらうのも一つの方法です。企業ぐるみで地域のお祭りに参加したり、ディズニーランドなどの人気スポットに社内旅行をするのもいいでしょう。

◇地域と連携し外国人が住みやすい社会を実現していく

日頃から、企業からも地域や日本についての情報発信を行いましょう。日本は治安もよく、医療体制も充実しています。伝統的な文化もあれば、漫画やアニメ文化も世界的に知られています。そんな日本が好きで働きに来る外国人も多いのですが、それを知らない外国人もまだまだたくさんいます。日本の文化や地域性に触れてもらう取り組みを会社が率先して行なっていきたいものです。受け入れた企業のみが外国人労働者の人生を背負うのではなく、地域社会も協力しながら外国人労働者を支えていくことが重要です。

会社の良さ、地域の良さ、そして日本の良さを知った外国人は、その良さを周りに伝えてくれるでしょう。そうして日本に良いイメージを持った人たちが日本に来て、働き続けてくれるかもしれません。その小さな積み重ねが、外国人から選ばれる日本、外国人も暮らしやすい社会、多文化が共生していく社会の実現へとつながっていくのではないでしょうか。

キャリアサポート　関連資料

○ジョブカード活用のすすめ

業務のたな卸しや評価項目の作成では、厚生労働省が提唱するジョブカード制度を参考にするのもいいでしょう。ジョブカードとは、従業員が自分自身のことを理解して、将来どのようなキャリアを目指したいのか、そのためにどうすればいいのかを考えるツールです。

ジョブカード作成後は、３年に１回程度の定期的な見直しやキャリアコンサルタントなどとの面談を実施することをおすすめします。

●ジョブカード制度総合サイト

https://jobcard.mhlw.go.jp/katuyo/jobcardmark.html

索　引

参考資料

〈参考図書〉

○はじめての外国人雇用（日本語）単行本 － 2019/3/27
嘉納英樹（著，編集）

○これ１冊でまるわかり! 必ず成功する外国人雇用（日本語）単行本 － 2018/12/21
濵川 恭一（著）

○外国人労働者の採用・雇用をめぐる実務相談 Q&A（日本語）単行本 － 2019/10/7
若松絵里（著）

○中小企業のための外国人雇用マニュアル（ベストセレクト）（日本語）単行本 － 2018/6/22
若松絵里（著）

○外国人雇用管理士 公式テキスト（2020年１月スタートの新資格試験）（日本語）
単行本（ソフトカバー）－ 2019/10/25
一般社団法人　東京都外国人就労認定機構（著），安田 哲（監修）

○知識ゼロからの外国人雇用（日本語）単行本 － 2020/4/8
竹内 幸一（著）

○外国人材の雇用戦略 ~採用・法務・労務（日本語）単行本 － 2020/1/20
杉田 昌平（著），五十嵐 充（著），佐原 賢治（著）

○外国人雇用の実務〈第２版〉（日本語）単行本 － 2018/1/20
近藤 秀将（著）

○必ず取れる就労ビザ! 外国人雇用ガイド（日本語）単行本 － 2016/4/1
小島 健太郎（著）

○必ず取れる日本国籍！ 帰化申請ガイド（日本語）単行本 － 2015/4/28
小島健太郎（著）

○必ず取れる日本永住権！外国人の永住権許可申請ガイド（日本語）単行本 － 2018/5/30
河原木 惇（著）

○ゼロから始める外国人雇用実務ガイド（日本語）単行本（ソフトカバー）－ 2019/7/31
佐藤 正巳（著）

○外国人雇用 書式・手続マニュアル（日本語）単行本 － 2020/1/20
永井 知子（著），鳥居 さくら（著），橋本 裕介（著）

○外国人スタッフ雇用のための社会保険・労働法ガイド 日英対訳付き（日本語）
単行本 － 2019/6/29
渡慶次 佳朗（著）

○現場で役立つ！　外国人の雇用に関するトラブル予防Ｑ＆Ａ（日本語）
単行本 － 2018/10/6
板倉 由実（著，編集），弘中 章（著，編集），尾家 康介（著，編集）

○働き方改革関連法の解説と実務対応－２同一労働同一賃金編（日本語）単行本 － 2020/4/3
労働調査会出版局（著），労働調査会出版局 編（編集）

○すっきりわかる! 海外赴任・出張 外国人労働者雇用（税務と社会保険・在留資格・異文化マネジメント）（日本語）単行本 － 2019/3/7

藤井 恵（著），ロッシェル カップ（著）
○同一労働同一賃金完全対応！ 役割貢献の評価と賃金・賞与の決め方（日本語）
単行本（ソフトカバー） – 2019/11/14
菊谷 寛之（著）
○〈やさしい日本語〉と多文化共生（日本語）単行本（ソフトカバー） – 2019/3/11
庵 功雄（編集），岩田 一成（編集），佐藤 琢三（編集），柳田 直美（編集）
○企業内キャリアコンサルティング入門 個人の気づきを促し、組織を変える（日本語）
単行本（ソフトカバー） – 2019/10/17
浅川 正健（著）

〈参考サイト〉

○YouTube：外国人活用チャンネル
https://www.youtube.com/channel/UCbW6bahB-htikR1OHIm9aQQ
○外国人雇用の教科書：https://visa.yokozeki.net/
◯厚生労働省　外国人の雇用に関するサイト　など
◯法務省　在留資格、外国人支援に関するサイト　など

著者

常見　治彦（つねみ　はるひこ）

行政書士・社会保険労務士・キャリアコンサルタント・外国人雇用管理士・産業カウンセラー

外国人の起業支援や外国人労働者の雇用・定着など外国人雇用について幅広いサポートを行っている。学生時代に行政書士資格を取得後に行政書士事務所に勤務。社会保険労務士資格を取得して外国人雇用に特化した社会保険労務士法人に転職。2015年に独立後は、企業の各種許認可や在留資格に関するサポート、労務に関する各種手続・申請や、就業規則の作成、労務相談・管理などを行っている。また、資格予備校LECにてキャリアコンサルタント養成講座のサブ講師を担当している。

執筆協力

松本　良太（まつもと　りょうた）

弁理士。日本弁理士会所属。元・東京出入国在留管理局長届出済申請取次行政書士。

Special Thanks to
編集協力　松原ヨーコ（合同会社コピス）

外国人労働者《がいこくじんろうどうしゃ》を１人《ひとり》でも雇《やと》ったら読《よ》む本《ほん》

発　行　2021年（令和3年）3月14日　初版第1刷発行

著　者　常見治彦
発行者　伊藤　滋
発行所　株式会社自由国民社　http://www.jiyu.co.jp/
〒171-0033　東京都豊島区高田3-10-11
TEL　03（6233）0781（代表）
http://www.jiyu.co.jp/
本文DTP　有限会社中央制作社
造　本　ＪＫ
印刷所　横山印刷株式会社
製本所　新風製本株式会社